희망을 끓이는
남다른
감자탕
이야기

이정열 지음

BM 성안당

남다른 희망을 퍼드립니다

나는 감자탕을 끓이는 사람이다. 그리고 희망도 함께 끓이는 사람이다. 또한 그렇게 끓어오른 희망을 더 많은 사람들에게 나눠드리려 노력하는 사람이다.

"그래! 내가 10년 안에 반드시 100억 원을 벌어준다!"

스물셋의 겨울, 나는 남산의 정상에 올라 호기롭게 외쳤다. 가진 돈이라곤 11,800원이 전부였고, 다리 뻗을 방 한 칸이 없어서 당장은 공중화장실 옆에서 박스를 깔고 자야 했다. 그래도 절망하지 않았다. 오히려 이제부터 시작이란 생각에 내 안에선 희망이 끓어올랐다.

배움이나 돈, 재능 등 가진 것이 많으면 더없이 좋겠지만 그것이 꿈과 목표를 이루는 데 있어 반드시 필요한 요소는 아니다. 나의 경우, 건강한 몸과 간절한 마음이 가진 것의 전부였다. 물론 간절함으로 내달려도 장사, 특히 먹는 장사의 생존은 그리 만만한 일이 아니다. 더군다나 바라던 성공을 이루기까지는 더더욱 그 길이 험난하기만 하다.

작은 분식집부터 대형 식당에 이르기까지 외식업을 창업하는 대부분의 사람들이 성공을 향한 간절함을 품고 시작한다. 몸이 힘든 것이야 얼마든지 견딜 수 있으니 가족들의 생계만이라도 걱정하지 않게 되길 희망한다. 이런 간절한 바람과 노력에도 불구하고 외식업은 현재 대한민국에서 가장 위태로운 업종이 됐다. '자영업자 생존율이 17.4%에 불과하고, 그 중 외식업 생존율은 6.8%를 밑돈다'라는 국세청 통계자료가 아니더라도 우리는 이미 온몸으로 그 위기를 절감하고 있다. 더군다나 자영업자의 80% 정도가 40대 이상이라고 하니 그 간절함이 오죽할까.

사연의 차이는 있겠지만 가족들의 생계를 책임져야 하는 가장인 만큼 간절함은 크게 다르지 않을 것이다. 나 역시 처음 감자탕 점포를 열었을 때, 온 가족이 월세 단칸방으로 옮겨가야 했다. 가진 돈이 없어 함께 살던 집의 보증금을 빼고도 여기저기서 1억 원이 넘는 돈을 빌려야 했다.

유서까지 써두고, 목숨을 담보로 시작한 27평의 감자탕 점포는 17년의 세월이 흐르는 동안 '남다른감자탕'을 대표브랜드로 한 건실한 프랜차이즈 기업인 ㈜보하라로 성장했다. 물론 그 과정이 순탄했던 것만은 아니다. 오르는가 하면 다시 내려가기도 했고, 달리는가 싶으면 다시 멈춰서기도 했다. 그럼에도 나는 힘들다고 해서, 혹은 형편이 조금 나아졌다고 해서 간절함을 결코 뒷전으로 밀어내지는 않았다. 오히려 더 간절한 마음으로 나아가며 남다른 힘을 키워갔다.

더 맛있고 건강한 감자탕을 끓여내겠다는 나의 열정은 남다른 재료와 맛을 찾아냈고, 서비스와 시스템, 홍보 등 모든 것에서 끊임없이 어제의 나를 뛰어넘는 '남다름'을 찾아갔다. 자고 일어나면 새로운 외식 브랜드가 생겨나고 소리 소문 없이 기존 브랜드가 사라지는 살벌한 경영환경에서 고객의 마음을 사로잡지 않으면 생존할 수 없기 때문이다.

실패도 자산이라고 한다. 그럼에도 나는 가족들의 생계를 책임지며 간절한 마음으로 창업하는 분들이 가능한 실패를 피해갈 수 있기를 바란다. 가진 것을 모두 쏟아 넣어 달렸던 만큼 실패의 충격은 치명적일 수밖에 없다.

부족한 내가 나의 이야기를 들려드리는 이유는 창업자들이 시작에 앞서 그 마음 밭을 더욱 단단히 다지고, 창업 이후에도 초심을 지키며 남다른 노력을 더하는 데 미약하나마 도움이 되길 바라기 때문이다.

이 책에는 '간절히 바라면 반드시 이루어진다.'는 뜬구름 같은 이야기가 아닌 간절함만큼이나 남다르게 내달려야 한다는 현실의 쓴소리를 담아두었다. 그리고 결코 포기하지 말라는 나의 응원도 함께 담아두었다. 부디 나의 이야기가 남다른 씨앗이 돼 독자의 가슴 속에 건강하고 아름다운 꽃을 피워낼 수 있기를 기원한다.

男다른 감子탕을 끓이는,
이정열

차
례

프롤로그　**남다른 희망을 퍼드립니다**

 1부　나는 목숨부터 내걸었다

아홉 살, 살인을 꿈꾸다　… 13
바닥, 그곳에서 진짜 힘이 생긴다　… 20
몸으로 배워야 진짜다　… 28
성취의 남다른 비법, 선지름 후책임　… 35
가진 게 두 쪽뿐인 사람은 없다　… 41
길을 찾았으면, 무조건 가라!　… 52
기칠운삼(技七運三), 운빨보단 땀빨　… 59

 2부　치열하게 묻고 깐깐하게 따져라

오빠 장사스타일?　… 73
창업, 방향부터 정하고 출발하자　… 86
링에 오르기 전, 싸움기술부터 익혀라　… 96
때로는 포기도 답이다　… 107
초심(初心)이 곧 말심(末心)　… 121

3부 진정성에 남다른 스킬을 더하라

남다름의 출발은 기교가 아닌 진정성 ··· 135
뚝배기에 섹시함을 더하다 ··· 141
"당신을 위한 묘약을 준비했습니다." ··· 151
감자탕 아재, 켄터키 할아버지와 맞장 뜨다 ··· 157
따뜻한 시선으로 트렌드를 읽다 ··· 169
날 좀 보소, 날 좀 보소 ··· 177

 4부 男자라면 사(四)정!

사(四)정하지 않으면 죽는다! ··· 189
성공하려면 사람부터 보라 ··· 202
미인이 넘치는 가게 ··· 212
나는 뻔뻔(FUN FUN)한 직원이 좋다 ··· 219
주먹은 휘두르는 게 아니라 움켜쥐는 것이다 ··· 231

 5부 혼자만 잘살믄 무슨 재민겨!

상생? 뻥치지 마! ··· 245
'남다른 희망가게'를 아시나요? ··· 254
우리가 돈이 없지, 가오가 없냐? ··· 261
감자탕을 팔아 사람을 키우는 기업 ··· 268

에필로그　　당신의 남다른 꿈을 응원합니다!

1부

나는 목숨부터
내걸었다

아홉 살, 살인을 꿈꾸다

바닥, 그 곳에서 진짜 힘이 생긴다

몸으로 배워야 진짜다

성취의 남다른 비법, 선지름 후책임

가진 게 두 쪽뿐인 사람은 없다

길을 찾았으면, 무조건 가라!

기칠운삼(技七運三), 운빨보단 땀빨

아홉 살,
살인을 꿈꾸다

고등학교 시절 나는 소위 말하는 문제아였다. 몇 번이나 강제전학을 당했고, 그때마다 학교의 짱을 주먹 한방으로 고꾸라뜨렸을 만큼 힘도 세고 깡도 좋았다. 그때의 나를 기억하는 친구들은 감자탕을 끓이고 있는 지금의 내 모습을 무척 낯설어한다. 그들은 내가 검은 양복을 입은 깍두기들의 보스 노릇을 하고 있거나 강력계 형사가 됐을 것이라고 생각했단다.

"야, 이 자식 제법 사장님 포스가 나는데?"

"그러냐? 난 여전히 이놈 보면 어색해. 깍두기들 보스 노릇이나 하면 딱 어울릴 녀석이 감자탕 장사라니. 하하!"

"아이고, 뒷골목 깡패라고 안 해줘서 고맙다. 이놈들아, 어서 감자탕이나 드셔."

사실 내 생각도 그들과 별반 다르지 않았다. 내 인생의 축을 바꿔 놓은 감자탕을 만나지 못했다면 여전히 좌충우돌하며 비틀거리고 있었을지도 모를 일이다.

어린 시절 나는 거의 하루도 빠짐없이 큰형에게 두들겨 맞았다. 사람들에게 이 이야기를 하면 내가 대단한 개구쟁이라 큰형에게 혼이 많이 났나보라며 껄껄 웃는다. 그런데 웃을 일이 아니다. 개구쟁이는커녕 나는 늘 큰형 눈치만 살피는 순둥이 중의 순둥이였다. 이유라도 알고 맞았으면 덜 아팠을 텐데, 큰형의 폭행에는 이유가 없었다.

나보다 열네 살이나 많았던 큰형은 거의 매일 술에 절어 살았다. 힘이 얼마나 좋았던지, 동네에서 오가는 사람들을 붙잡고 싸움질을 하는 것도 모자라 매일 동생들을 두들겨 팼다. 참다못한 큰누나와 둘째 형은 집을 나가버렸고, 작은누나는 큰형의 눈을 피해 늦은 밤과 이른 새벽에 집을 드나들었다. 아직 어린아이였던 나는 이러지도 저러지도 못해 매일 큰형의 눈에 띄기 일쑤였고, 그때마다 큰형의 세찬 발길질이 날아왔다.

"에휴, 상처가 아물지도 않았는데 또 이 꼴을 만들어 놨네. 내 저 놈을 당장!"

말씀은 그렇게 하셨지만 이미 장정이 된 아들을 어머니가 무슨 수로 이기겠는가. 그러니 어머니는 늘 한숨만 내쉴 뿐이었다.

"네 큰형은 아픈 사람이다. 그러니 막둥아! 네가 참고 살자."

"큰형이 아프긴 어디가 아파요? 아픈 사람이 어떻게 저렇게 힘이

세요?"

"에휴, 네 큰형은 마음이 많이 아픈 사람이여."

어머니가 들려주신 사연은 이랬다. 우리 할아버지는 살아생전 만석꾼으로 불릴 만큼 큰 부자였는데, 그 할아버지가 금이야 옥이야 하며 큰형을 예뻐하셨단다. 장남인 큰아버지 댁에 아들이 없었던 탓에 차남 집안의 첫아들인 큰형을 애지중지하신 것이다. 그런데 할아버지가 돌아가신 후 큰형의 신세가 급변했다. 할아버지는 당신의 유산을 큰댁에만 물려주셨다. 큰형은 믿었던 할아버지로부터 제대로 팽을 당한 것이다. 애초부터 가진 것이 없는 데다 욕심조차 없으셨던 부모님과 달리 큰형은 누릴 것을 다 누리고 살았던 기억을 쉽게 내려놓지 못했던 모양이다.

이 또한 지나간다

"야 이놈아. 이게 뭔 짓이냐! 조상님 제사상을 이 지경으로 만들다니!"

큰형의 폭력은 상상 이상이었다. 이것저것 집어던져 온 집안을 쑥대밭으로 만들고, 없는 살림에 애써 차려 놓은 제사상도 수틀리면 뒤집어엎어 버렸다. 동네에서도 걸핏하면 행패를 부리니 만나는 사람마다 우리 부모님을 붙들고 제발 좀 이사를 가달라고 사정할 정도였다.

"내가 널 꼭 죽이고 말겠어!"

아홉 살이 되던 해에 나는 제법 야무진(?) 결심을 했다. 더도 말고 덜도 말고 체격이 딱 고만해지면 그를 죽이리라 다짐했다. 내가 살고 우리 가족이 평안을 찾으려면 그 방법밖엔 없었다. 한순간의 결심이긴 했지만 이내 그것은 나의 유일한 꿈이 되었다. 우리 가족이 뿔뿔이 흩어져 콩가루가 된 것도, 부모님이 시장 바닥에서 죽어라고 일을 해도 가난을 면치 못하는 것도 다 큰형 때문이었다. 툭하면 사고를 쳐대니 합의금을 마련하느라 빚이 점점 늘어났던 것이다. 당시 어머니는 빚쟁이 그림자만 봐도 경기를 일으키실 정도로 우리 집은 많은 빚에 시달리고 있었다. 이 모든 불행을 끝내고 내 가족을 지키려면 큰형을 죽이는 것 말고는 뾰족한 방법이 없었다.

"사람을 죽인다는 건 꿈이 될 수 없어."

초등학교 5학년 때였다. 담임선생님은 모든 면에서 자상하신 분이었는데, 짬이 날 때마다 반 아이들과 개별 면담을 하며 격려와 조언을 아끼지 않으셨다. 그날, 내 안의 오랜 울분을 아셨던지, 선생님께서 먼저 이야기를 꺼내셨다.

"네 인생을 빛나게 해줄 진짜 꿈을 찾아보자. 넌 체격도 좋고 공부도 잘하니까 장교가 되는 건 어때?"

"아뇨. 전 꼭 큰형을 죽일 거예요. 그래야 우리 가족이 살 수 있어요."

"장교가 되면 권력도 생기고 힘도 생기니 형이 절대 너희 가족을 함부로 할 수 없을 거야."

제법 그럴듯하게 들렸다. 내 마음의 움직임을 읽으셨는지, 선생님은 내친 김에 육군사관학교에 견학을 가보자고 했다. 며칠 뒤 우리는 버스를 타고 태릉을 방문해 사관생도들이 훈련하고 교육받는 모습, 기숙사 시설 등을 살펴보았다. 꿈의 실체를 직접 확인하니 정말 그것을 이루고 싶은 마음이 생겼다.

그날 이후 나는 큰형을 죽이겠다는 꿈 대신 장교가 돼 가족을 지키겠다는 꿈을 품었다. 평소 글 쓰는 것을 좋아했던 나는 그날 이후 글도 더 열심히 쓰고, 공부도 더 열심히 했다. 강한 체력도 중요하다는 생각에 매일 동네 언덕길을 오르내리며 단련했다. 그렇게 중학교 3학년이 될 때까지 나는 장교가 되겠다는 목표를 품고, 그것을 이루기 위해 열심히 공부하며 모범적인 삶을 살아갔다.

"어이가 없네. 네가 육군사관학교에 간다고?"

고등학교 진학 상담을 하던 담임선생님이 육군사관학교에 진학하고 싶다는 내 이야기를 듣고 황당해 하며 웃었다.

"네 형이 누구냐? 깡패 아니냐, 깡패! 교도소에 들락거리는 깡패 형을 둔 사람은 육군사관학교에 갈 수 없어."

"아니, 왜요? 형이 깡패지 제가 깡패는 아니잖아요."

"법이 그래, 법이. 암튼 넌 대한민국에서 아무것도 될 수 없어!"

담임은 '연좌제'라는 무시무시한 법을 들먹이며 내게 엄포를 놓았다. 그리고는 상고에 진학해 돈을 벌 생각이나 하라고 했다. 담임선생님 딴에는 나를 위한 조언을 한 셈이다. 하지만 그 과정에서 오간 거친 말들에 나는 몇 년을 노력해오던 꿈을 내려놓아야 했다. 내가 아무리 열심히 해도 이 나라에선 내 꿈을 절대 펼칠 수 없다는데, 내가 무엇을 더해야 할까. 아무리 생각해도 할 게 없었다.

　나중에 안 사실이지만 그 당시는 이미 '연좌제'가 폐지된 후였다. 마땅히 조언을 구할 만한 사람도 없었던 데다 지금처럼 인터넷으로 정보를 찾을 수 있었던 때도 아니라 나는 덜컥 그 말에 걸려든 것이다.

　그날 나는 난생 처음으로 담배도 피우고 술도 마셨다. 제법 취기가 오르자 동네 어귀에 버티고 서서 두 주먹을 불끈 쥐었다. 그리고는 골목을 지나는 부자 친구들을 차례대로 패줬다.

　"왜 이래! 도대체 나한테 왜….."

　"왜? 너 부자잖아. 넌 부자라서 맞는 거야. 알아?"

　나는 담임선생님이 왜 나에게 그런 말을 했는지 잘 알고 있었다. 가난하기 때문이다. 누런 봉투를 들고 교무실 문턱이 닳도록 찾아오는 다른 부모들과 달리 코빼기도 보이지 않는 가난한 부모를 두었으니 무시해도 된다고 생각한 것이다. 담임선생님에 대한 원망과 분노가 엉뚱하게도 부자친구들에게로 튄 것이다.

　다음날도, 그 다음날도 나의 주먹질은 계속 됐다. 학교 짱을 한방에 고꾸라뜨렸고, 부잣집 아이들이 눈에 거슬리는 짓을 하면 가차 없이 주먹을 날렸다. 나름 모범생이었던 선도부장의 갑작스런 변화에 친구들은 물론이고 선생님들도 당혹스러워했지만 아무도 나를 말릴 수 없었다. 오죽하면 내가 화장실에 들어서면 소변을 보던 학생들이 마무리도 못한 채 도망갈 정도였다.

　돌이켜 생각해보면 부자라는 이유만으로 내게 얻어맞아야 했던 그들도 나만큼이나 황당하고 억울했을 것이다. 하지만 그때의 나는 남의 사정을 봐줄 여유가 없었다. 내 마음부터 챙기는 게 우선이었다.

"내가 꼭 성공하고 만다. 보란 듯이 성공할 거야!"

이후로도 꽤 오랜 시간 동안 그때의 담임선생님을 원망했다. 그리고 막연하긴 하지만 성공에 대한 열망도 키웠다.

유복한 가정에서 사랑만 받고 컸더라면 얼마나 좋았을까마는 시간이 지나니 이 또한 성장을 위한 과정이 아닌가 하는 생각이 들었다. 그 시절엔 다들 고만고만한 걱정과 제 나름의 불행을 안고 살았다. 소수의 부자들을 빼곤 다들 빠듯한 살림살이에 돈 걱정을 해야했고, 가정 폭력도 드문 일은 아니었다. 그저 내게 닥친 일이니 그것이 더 커 보이고, 때론 견디지 못할 절대 고통처럼 느껴졌던 것 같다.

쇠는 불구덩이와 찬물을 오가고, 힘껏 두들겨 맞는 과정을 반복하며 점점 더 단단해진다. 삶의 고난과 시련도 결국엔 내가 더 강하고 단단해지기 위한 과정일 것이다. "먼 곳으로 항해하는 배가 풍파를 만나지 않고 조용히 갈 수만은 없다"던 니체의 말처럼 생이라는 긴 여정을 지나는 동안 풍파를 만나는 것은 어쩌면 자연스런 현상이었다.

바닥, 그곳에서
진짜 힘이 생긴다

고등학교 2학년 때 아버지께서 갑작스레 돌아가셨다. 식사를 하시
던 도중에 쓰러지셨는데 병원으로 옮기자마자 바로 숨을 거두셨다.
학교에서 연락이 오면 한달음에 달려오셔서 무릎부터 꿇으셨을 만
큼 아버지는 나에 대한 애정이 각별하셨다. 그런 아버지를 잃은 허
망함이 얼마나 컸던지 나는 삶에 대한 의지마저 내려놓고 더 세차게
흔들렸다.

고등학교를 졸업한 이후 나는 방황의 시기를 청산하려 군에 자원
하여 입대했다. 사실은 도망치고 싶다는 마음이 컸다. 늘 동네 공중
화장실 옆의 월세방을 전전하던 가난도 싫었고, 교도소를 들락날락
하며 불안한 삶을 살던 큰형도 꼴 보기 싫었다. 그리고 무엇보다도 폭

력에 익숙해진 못난 나 자신이 싫었다.

　군 복무를 마치고 나면 뭔가가 달라져 있을 것이라는 작은 기대도 있었다. 하지만 기대는 결국 기대일 뿐, 현실은 전혀 달랐다. 나는 군 복무를 마치고 집으로 돌아온 지 닷새 만에 다시 쫓겨났다.

　"미안하다. 네가 좀 나가줘야겠다."

　작은형은 제법 진지한 표정으로 말했다. 소심하고 내성적인 작은 형이 그렇게 말했을 땐 다 그만한 이유가 있었을 테니 나는 별다른 반항을 하지 않았다.

　"이 밤에? 비도 오는데? 내일 나가면 안 될까?"

　"안 돼. 지금 당장 나가줘. 나도 좀 살자."

　큰형이 다시 교도소에 들어가는 바람에 어머니는 큰형의 아이인, 조카까지 데리고 작은형네 집에 얹혀살고 있었다. 방 두 칸의 콧구멍만한 집에 시어머니와 어린 조카로도 모자라 장정인 시동생까지 더해지니 참다못한 형수가 폭발한 것이다. 이해 못할 일은 아니었다. 하지만 비오는 한겨울, 그것도 깜깜한 밤에 집을 나가라니, 암담했다.

　버틴다고 될 일도 아니었고, 나 역시 애초에 그곳에 오래 있을 생각도 아니었다. 겨울 추위만 피하고 봄이 되면 독립해서 나갈 생각이었다. 그 시기가 잠시 앞당겨졌을 뿐이었다. 나는 전역할 때 메고나왔던 가방에 다시 짐을 구겨 넣었다.

　"어머니, 저 나갑니다."

　나는 어머니께 큰절을 드렸다. 별다른 설명을 하지 않아도 어찌 된 일인지 짐작이 되셨는지 어머니는 말없이 눈물만 보이셨다.

"미안하다. 엄마라도 힘이 돼줘야 하는데….”

"아니에요, 어머니. 3년 안에 제가 꼭 모시러 올게요. 그때까지 건 강히 계세요.”

어머니께 3년 안에 우리가 함께 살 집을 장만해 다시 모시러 온다 는 약속을 하고는 서둘러 집을 나왔다.

호기롭게 나왔지만 역시나 늦겨울의 밤은 생각만큼 잔인했다. 바 람은 매서웠고, 때마침 내리던 비는 날선 바늘처럼 살을 콕콕 찔러댔 다. 지하철을 타기 위해 30여 분을 걸어가는데 하염없이 눈물이 났 다. 어머니가 내 손에 꼭 쥐어주신 오천 원짜리 한 장과 천 원짜리 다 섯 장까지 보태니 전 재산이 11,800원이 됐다. 며칠 버티기도 힘든, 적은 돈이지만 그래도 빚이 있는 것보단 낫다며 스스로를 위로했다.

10억 원도 모자라다, 나는 100억 원 번다!

"하필 이 추운 날에 비까지 오냐. 그나저나 어디로 가지?”

일단 지하철을 타긴 했지만 마땅히 갈 데가 없었다. 한참을 고민하 다가 나는 서울역에서 내려 무작정 남산으로 향했다. 비오는 겨울밤 이니 남산엔 사람도 없을 것이다. 거기 가서 일단 실컷 울어나 볼 요 량이었다.

우산도 없이 나온 탓에 온몸은 이미 흠뻑 젖어 있었다. 더는 옷이 젖을까 염려하지 않아도 되니 마음은 편했다. 남산을 오르며 나는 버럭 고함을 내지르기도 하고 꺼이꺼이 소리 내어 울기도 했다. 그렇게 나마 내 안의 것을 쏟아내고 나니 그제야 살 것 같았다.

"쳇! 그래도 서울은 여전히 화려하네."

숨을 고르며 산 아래를 내려다보았다. 삶의 가장 바닥으로 내려온 나와는 달리 남산에서 바라본 서울은 너무나 화려하고 아름다웠다. 내 눈물과 만난 서울의 빛은 반짝거리기까지 했다.

"좋겠네. 너희들은 집도 있고, 돈도 있으니…."

멍하니 그것을 바라보다 문득 나도 저것들을 가져보고 싶다, 아니 반드시 가져야겠다는 생각이 들었다. 이 서울 땅에서 빌딩 하나 못 가져 보곤 절대 죽을 수 없다는 오기가 생겨났다.

"그래! 내가 10년 안에 10억 원 ! 아니 100억 원 꼭 벌어준다!"

비록 노숙자와 다름없는 신세였지만 꿈만큼은 그 누구보다도 원대했다. 10억 원으론 부족했다. 어머니를 모실 넓은 집도 있어야 하고, 멋진 자동차도 있어야 하고, 쓰고 또 써도 돈 걱정을 안 할 만큼 통장의 잔고도 빵빵해야 했다. 그러려면 100억 원 정도는 있어야 할 것 같았다. 나와 내 가족의 미래를 빛내줄 최소한의 돈, 100억 원! 나는 그것을 목표로 했다.

목표가 생기니 희망이 생겨나는 듯 했다. 나는 우선 지친 몸을 누일 곳부터 찾았다. 잠깐이라도 눈을 붙이고 아침이 오면 다시 살 길을 찾을 것이다. 화장실 옆의 굴처럼 생긴 곳에 박스를 깔고 옷을 이불 삼아 누웠다. 친구들을 찾아가 하룻밤 정도 신세를 져도 되지만 그러고 싶지 않았다. 철저히 혼자가 돼 세상과 부딪쳐야 한다. 학교도 군대도 가정도 더는 나를 보호해줄 수 없다. 나는 이제 진짜 어른이 되었고, 어떻게든 혼자 힘으로 살아남아야 한다. 그리고 3년 안에 어머니를 꼭 내 집으로 모시고 와야 한다.

살다보면 더는 달릴 수 없을 것 같은 절망적인 순간이 온다. 모든 것을 내려놓고 그만 끝내고 싶다는 마음까지 든다. 하지만 이런 순간을 이겨내면 이전보다 더한 힘이 생겨난다. 게다가 힘의 성질 또한 바뀌게 되는데, 삶의 바닥을 도움닫기로 한 덕분인지 두둑한 맷집과 배짱 그리고 절대 죽을 수 없다는 깡다구까지 생겨나게 된다.

체감하는 고통은 당장이라도 숨이 끊어질 듯 목을 조여오지만, 사실 그것은 내가 만들어낸 허구에 불과하다. 신은 견뎌낼 수 있을 정도의 고통만 준다고 하지 않았던가. 그리고 모든 역경과 고통에는 반드시 기회와 희망을 숨겨둔다. 그것을 찾느냐 찾지 못하느냐는 내 몫이다. 삶이 매력적인 이유는 이런 반전의 묘미 때문일 것이다.

바닥이 시작점이다

사람들은 저마다의 생존방식이 있다. 그것이 조금은 별스러워 보이고 남달라 보여도 자신에게 최고의 에너지를 불어넣는 일이라면 다른 이의 시선 따윈 상관없다. 영국의 유명한 저술가 사무엘 스마일즈는 "역경은 죽기 살기로 노력하고 인내하도록 등을 떠밀고, 다른 때 같으면 잠자고 있었을 재능과 능력을 일깨워주는 최고의 동반자다."라고 말했다. 나는 이 말을 반대로 해석해보기로 했다. 잠자고 있을 내 재능과 능력을 일깨우기 위해, 죽기 살기로 노력하고 인내하는 힘을 키우기 위해 기꺼이 고난과 역경에 나를 맡기기로 한 것이다.

100억 원을 벌기 위한 첫 번째 터전은 남대문시장이었다. 그곳은 도매시장답게 거액의 현찰이 오갔다. 물론 내겐 그림의 떡이었다.

"자네, 장사 경험은 있나?"

"그게, 중·고등학교에 다닐 때 잠깐 휴지도 팔고 당구장도 맡아서 해봤습니다."

나는 고등학교 진학을 앞두고 리어카를 끌며 휴지장사를 하기도 했고, 고등학교 3학년 땐 동네 형의 제의로 당구장을 1년 가까이 맡아서 운영했던 경험도 있었다.

"여하튼 도매장사 경험은 없다는 거지? 그럼 일단 일부터 배워야겠네."

"네. 뭐든 시켜만 주십시오. 열심히 하겠습니다!"

장사할 밑천도 기술도 없었던 탓에 나는 우선 일부터 배우기로 했다.

"그릇짐을 져야 하는데 괜찮겠어? 꽤 무거울 텐데."

"괜찮습니다. 아니, 좋습니다. 마음에 꼭 듭니다."

선택의 여지가 별로 없기도 했지만 나는 일부러라도 제일 힘든 일을 해보고 싶었다. 지게를 지고 짐을 나르는 짐꾼을 선택한 것이다. 몸이 힘들면 복잡하고 무거운 마음이 조금은 가벼워질 것 같았다. 또 힘들고 험한 일을 묵묵히 견뎌내다 보면 뭐든 할 수 있다는 자신감이 차곡차곡 쌓일 것 같았다. 진정한 깨달음을 얻기 위해 스스로 면벽수

행을 하는 고행자처럼 나는 아무런 망설임 없이 남대문시장의 제일 밑바닥으로 들어갔다.

"이봐, 이 군. 최 사장님 차까지 이 짐 좀 옮겨줘."

"네. 알겠습니다!"

도매시장이다 보니 새벽시간이 되면 지방의 점포들이 물건을 하러 왔다. 나는 그 물건들을 지게로 져서 차까지 옮겨주는 일을 했다. 힘들 것이라 예상은 했지만, 내가 선택한 가게가 그릇을 취급하는 점포인 탓에 그 무게가 만만치 않았다. 지게 가득 그릇짐을 넣고 새벽부터 늦은 아침까지 시장을 쉴 새 없이 오가다보니 190센티미터에 달하는 건장한 체격임에도 늘 온몸이 쑤셔댔다.

"자네 거기서 뭐 하나! 얼른 가서 창고 정리 안 하고…. 오늘 공장에서 물건이 들어와서 일이 꽤 많아."

도매 손님들이 빠져나가고 나면 이른 아침부터 창고에 가서 물건 정리를 했다. 창고의 규모가 어마어마해서 오후 2시 정도가 돼서야 일이 모두 끝났다. 그러고 나면 출근 시각인 저녁 8시까지 6시간 정도의 자유시간이 주어지는데, 대부분의 짐꾼들은 점심을 먹고 숙소로 들어가 짧게나마 잠을 청했다.

밤낮이 뒤바뀐 채 하루 18시간 가까이를 일하니 그 힘듦과 피곤함이 상상 이상이었다. 게다가 몸의 피곤함 못지않게 힘들었던 건 배고픔이었다.

"자장면 곱빼기는 안 되겠죠? 헤헤."

"안 되긴, 왜 안 되? 자네 돈 내고 먹으면 되지."

하루 18시간 일을 시키면서 주인은 하루 한 끼, 그것도 자장면 보통 이상은 절대 시켜주지 않았다. 물론 월급을 받으니 내 돈을 주고 사먹으면 그만이지만 한 푼이라도 아껴야 하는 입장에선 그마저도 아쉬웠다.

허기를 수돗물로 채워가며 그렇게 8개월 정도 일을 하던 어느 날, 이건 아니라는 생각에 과감히 짐을 쌌다. 아무리 생각해도 더는 그곳에 머물러서는 안 될 것 같았다. 도매시장은 이전까지 내가 경험해봤던 세상 중에 가장 많은 돈이 흐르고 있었다. 하지만 그것은 내 돈이 아니었다. 월급쟁이 짐꾼 신세론 언저리에 머물 뿐 결코 부의 중심에 들어갈 수 없었다.

훌훌 털고 나오는데, 처음 그곳에 들어갈 때와는 달리 몸도 마음도 한결 개운했다. 이것 말고는 할 일이 없을 것 같았던 절망스런 마음이 어느새 뭐든 할 수 있다는 용기와 자신감으로 바뀌어 있었다. 돌이켜보면, 내 삶이 가장 고달팠던 그때에 가장 힘들고 거친 밑바닥을 시작점으로 선택한 것이 신의 한수였다. 죽을 것 같았던 가장 밑바닥에서, 살 수 있는 희망을 건져 올린 것이다.

몸으로 배워야
진짜다

고등학교 진학을 앞두고 잠시 휴지장사를 한 적이 있다. 두루마리 휴지를 도매로 떼다가 리어카에 실어 동네에서 팔고 다녔다.

"휴지 사세요! 휴지! 슈퍼보다 더 싸고 품질도 좋은 휴지가 왔어요!"

"아주머니, 휴지 안 필요하세요?"

장사를 시작하고 처음 며칠 동안은 도통 리어카의 무게가 줄어들지 생각을 않았다. 온종일 다리품을 팔며 골목을 돌아다녀도 하루 두세 개를 파는 게 고작이었다. 그러던 어느 날, 무거운 짐을 들고 오르막길을 힘겹게 걸어오는 동네 아주머니가 눈에 들어왔다. 순간, 섬광처럼 떠오르는 아이디어를 실현시켜보고자 아주머니에게 냅다 뛰어가 짐을 뺏어 들었다.

"아주머니, 무거우시죠? 제가 이 짐을 집까지 들어드릴 테니 이 휴지 하나만 팔아주세요."

"그래요? 근데 어쩌지. 우리 휴지 아직 남아 있는데."

"휴지가 썩는 것도 아닌데 이 기회에 싸고 좋은 휴지를 미리 사두시면 되죠."

내 말에 아주머니는 흔쾌히 고개를 끄덕였다. 어차피 휴지는 필요한 물건이니 미리 사둔다고 해서 손해볼 일은 없었다.

"학생 덕분에 편하게 왔네. 고마워요."

"감사합니다. 이웃 분들께 소문 좀 많이 내주세요!"

그날 이후 나는 부지런히 흘리던 땀에 아이디어까지 보탰다. 장사 머리를 굴리기 시작한 것이다. 사람들이 많이 다니는 길목, 특히 오르막이 시작되는 지점에 리어카를 세워두고 짐을 든 고객을 기다렸다. 그리고는 화장지를 팔아주는 조건으로 짐을 들어주었다. 체력 하나만큼은 자신 있었기에 몸이 힘든 것쯤은 전혀 문제가 되지 않았다.

"너희들 아까 내가 하는 거 잘 봐뒀지? 넌 이 골목을 지키고 있어. 그리고 넌 나를 따라 와. 어디서 팔지 가르쳐줄 테니."

하루가 다르게 손님이 늘자 나는 아예 친구들까지 불러모아 리어카 3개를 돌렸다. 내 인생 최초의 프랜차이즈 사업이 시작된 것이다. 비록 짧은 기간이었지만 첫 장사의 경험은 무척이나 짜릿했다. 단순한 용돈벌이로 시작했던 그 일에서 나는 중요한 깨달음을 얻었다. 물론 당시에는 어렴풋이 뿌듯함 정도만 느껴졌을 뿐 그게 뭔지 정확하게 알지 못했다. 하지만 이후 장사와 영업일 등 다양한 경험을 하며 그때의 깨달음이 조금씩 정리돼 갔다.

고객의 지갑을 열기 위해선 그들의 마음부터 열어야 한다. 그리고 그 마음을 열기 위해선 그들이 원하는 것이 무엇인지 찾아 그것을 먼저 주어야 한다. 아직 어린 나이였지만 나는 그것이 무엇인지 분명히 보였다. 무거운 짐을 들고 힘겹게 언덕을 올라오는 아주머니가 바라는 것은 그 짐을 대신 들어줄 누군가였다. 나는 고객이 바라는 것을 해주기 위해 기꺼이 땀을 흘렸다. 돈이란 자원은 애초부터 없었지만 땀이라는 자원은 언제든 내 안에서 뽑아낼 수 있으니 그것을 맘껏 활용하기로 한 것이다.

가려운 곳을 찾아 힘껏 긁어드려라

남대문시장에서 짐꾼 생활을 정리하고 나는 곧장 학습지 영업사원으로 들어갔다. 월급이 정해져있던 짐꾼 생활과는 달리 땀을 흘리면 흘린 만큼의 대가가 주어지는 영업직은 참으로 매력적이었다.

남대문시장에서 노동을 할 때는 잘 몰랐는데, 회사에 들어가 와이셔츠에 넥타이를 매고 일을 하다 보니 내게 이렇다 할 경생력이 없다는 걸 알게 됐다. 남들 다 나온 대학도 나오지 않은 데다, 영업에 도움이 될 만한 인맥도 거의 없었다. 그들과 맞서 당당히 겨룰 만한 나만의 경쟁력을 갖추지 않으면 결국 도태되고 말 것이라는 위기감이 나를 엄습해왔다.

"오늘 비도 오고 기분도 꿀꿀한데 낮술 한 잔 어때?"

"아이고, 어제 밤에 너무 달렸나? 나는 어디 가서 잠이나 자야겠다."

사무직들과 달리 영업직은 활동이 비교적 자유로운 만큼 해이해지려면 한없이 해이해진다. 당시 나와 함께 학습지 영업을 하던 동료들도 비가 오면 비가 온다고 쉬고, 더우면 덥다고 시원한 곳에 몇 시간을 죽치고 앉아서 쉬었다. 게다가 이틀이 멀다하고 회식을 하며 시간과 체력을 허비했다.

"저 먼저 일어나겠습니다. 고객과 약속이 있어서요."

"저 친구 또 먼저 일어나네. 의리가 없어, 의리가."

"나둬요. 우리도 처음엔 다 저렇게 열심히 했잖아요. 하하."

매너리즘에 빠진 동료들의 모습에 나는 나만의 경쟁력이 무엇인지 찾은 듯했다. 나는 선천적으로 부지런하기도 했지만 가진 것이 워낙 없다보니 남들보다 더 열심히 움직이는 것 외엔 딱히 할 게 없었다. 더욱이 어머니와 약속한 3년 중 1년이 지난 때라 땀은 물론이고 '시간'이란 자원까지 야무지게 활용할 필요가 있었다.

나는 하늘이 두 쪽 나도 정해진 출근 시각보다 무조건 30분 일찍 출근했다. 이 30분은, 오늘은 어느 구역을 돌 것이며, 어떤 상품을 주력해서 팔 것인지 등 그날그날의 영업계획을 세우는 시간이다. 영업직들은 회식이 잦다. 특히 이 회사는 젊은 사람들이 많다보니 한번 회식을 하면 3차, 4차까지 돌며 늦은 새벽까지 술집을 전전했다. 최대한 일찍 빠져나오려 노력하지만 그러지 못한 날에도 나는 30분 일찍 출근한다는 원칙을 어긴 적이 없다. 타협하며 예외를 두기 시작하면 결국엔 무너지고 만다는 것을 잘 알기 때문이다.

당연히 퇴근 역시 남들보다 늦었다. 공식적인 퇴근 시각이 지난 후에도 나의 일은 계속 되었다. 상품을 파는 만큼 수당을 받는 것이 영업직의 매력인데 그것을 포기할 내가 아니다. 업무 시간에만 열심히 뛰는 것은 분명 한계가 있다. 시간의 제약이라는 물리적인 한계도 있지만 남들과는 다른 시간대에 사는 사람을 만나기 위해선 나도 남들과 다른 영업시간을 확보해야 했다.

나는 남대문시장에서 일하며 겉모습과는 다른 상인들의 훌륭한 전대를 보았다. 비록 옷차림은 허름해도 그들의 전대만큼은 그 누구보다도 빛났다. 내가 학습지 영업을 다니던 지역에도 재래시장은 있었다. 한번은 한창 장사에 바쁠 대낮에 그곳에 들러 영업을 하니 다들 귀찮아했다. 바빠 죽겠는데 이 총각이 왜 이러느냐며 짜증을 내기도 했다.

"그럼 언제가 한가하세요?"

"오려면 장사 다 끝나고 밤 11시에 다시 오던가!"

맞는 말이었다. 시장의 상인들은 너무 바빠서 돈을 쓰려야 쓸 수 없는 사람들이었다. 그렇다면 그들의 시계에 내가 맞추면 된다. 나는 약속시각인 밤 11시보다 30분 일찍 그곳을 찾았다. 그리고는 장사를 마무리하는 상인들을 도우며 얼굴 도장을 찍고 내 나름의 영업 전략도 세웠다.

"어라? 이 총각, 정말 다시 왔네?"

"당연하죠! 11시에 다시 오라면서요?"

나는 매대에 있던 물건들을 점포 안으로 옮기는 것을 돕기도 하고, 빗자루를 챙겨들고 점포 앞의 쓰레기들을 치우기도 했다.

"이 총각 약속만 잘 지키는 게 아니라 요령도 있네 그려, 하하!"

"그러게. 이제 그만하면 됐으니 이리 와서 학습지인가 뭔가 얘기 좀 해봐."

그렇게 시작된 대화는 결국 계약으로까지 연결됐다. 남편이 벌어다주는 월급만으로 생활하는 주택가와 달리 그분들은 직접 돈을 벌고 만지다보니 통도 컸다. 그 덕분에 한 자리에서 몇 건을 성사시키곤 했다.

"혹시 다른 분 소개시켜주실 분 없으세요? 10개를 계약하면 하나는 사장님께 서비스로 드리겠습니다."

"왜 없어? 당연히 있지!"

그 분들은 장사를 하는 분이다 보니 계산이 밝으셨다. 10개를 계약하면 하나가 덤이라는 말에 얼른 이웃의 상인을 소개시켜주었다. 그렇게 고객이 또 다른 고객을 소개시켜주며 거미줄 같은 탄탄한 판매망이 만들어졌다.

나는 얼마 지나지 않아 지사 영업왕이 됐고, 한 달에 400만 원이 넘는 수입을 얻게 됐다. 특별한 비법 같은 것은 없었다. 그저 남들보다 조금 더 열심히 일했고, 고객들의 가려운 부분을 정성껏 긁어드렸을 뿐이다. 당시 내가 주 타깃으로 잡았던 시장상인들은 돈은 많이 벌지만 그 돈을 쓸 시간이 없었다. 하루 종일 점포에 매인 몸이라 아이들에 대한 교육마저도 신경 쓸 겨를이 없었다. 이런 그들의 불편하고 가려운 곳을 시원스레 긁어주니 꽁꽁 묶여 있던 전대가 자연스레 열린 것이다.

정해진 출퇴근 시각을 지키며 더도 말고 덜도 말고 딱 남들처럼만 일하는 사람들의 눈엔 이런 귀한 정보들은 보이지 않는다. 세상에서 가장 귀한 자원이 시간과 땀이란 것을 알고, 그것을 적극적으로 활용하는 사람만이 자신을 채워갈 소중한 힘을 얻는다.

성취의 남다른 비법,
선지름 후책임

나는 뭔가에 꽂히면 일단 지르고 보는 스타일이다. 특히 하고 싶은 것, 이루고 싶은 것이 생기면 무조건 욕망의 소리에 충실하게 반응한다. 때론 가능성이 부족해 보이는 것들도 있지만 우선은 도전하고 본다. 그리고 그것을 이루어 나가는 과정에서 수정하고 보완하여 반드시 그것이 가능해지도록 애쓴다. 목적지를 향해 나아가기 위해선 일단 시동을 걸고 가속 페달을 밟아야 한다. 브레이크에서 발을 떼지 않는 한 그 어디에도 갈 수 없으니 말이다.

지르는 것에 주저함이 없다지만 분명한 기준 두 가지는 가지고 있다. 첫째, 그것에 사용되는 돈이나 시간에 비해 더 큰 가치와 만족감을 얻을 수 있는 것들이어야 한다. 특히 가정의 화목이나 직원들의 화합과 의욕을 키우는 일이라면 다소 무리가 되더라도 나는 내 안의 욕망에 충실하게 반응한다. 나와 함께 하는 사람들의 기쁨과 행복이 곧 나의 기쁨과 행복이기에 망설일 이유가 없다. 또한 그것은 내가 더욱 열심히 달릴 수 있도록 해주는 가장 강력한 에너지가 되기에 결국엔 더 큰 투자인 셈이다.

두 번째 기준은 '책임'이다. 지르는 것은 쉽다. 하지만 책임을 지는 것은 어렵고 무겁다. 그래서 나는 스스로에게 그것을 책임질 수 있는지를 묻고, 그럴 수 있다는 답이 나오면 무조건 지른다. 그렇게 선택한 것들에서 단 한 번도 도망치거나 책임을 다하지 않은 적이 없기에 나는 나를 믿는다. 그래서 다른 이의 조언이나 판단보다는 나 스스로의 판단을 믿고 따르는 편이다.

"이게 정말 우리집이냐? 우리가 정말 아파트에 살게 된 거야?"

"네, 어머니. 하루 종일 따뜻한 물이 나와요. 좋으시죠?"

작은형의 집에서 쫓겨나던 날, 나는 어머니께 3년 안에 아파트를 장만해 모시러 오겠다고 약속을 드렸다. 당시 어머니는 동네 아파트 단지에 청소일을 다니셨는데, 아파트란 공간이 너무나도 아늑하고 좋아 보인다며 그런 곳에서 한번 살아보는 게 소원이라고 말씀하셨다. 나는 어머니의 소원을 이뤄드리기 위해 과감히 32평 아파트를 질렀다.

"어머니, 이리 와 보세요. 여기가 어머니 방이에요. 마음에 드세요?"

"마음에 들다마다. 방도 넓고 남향이라 햇빛도 잘 드는구나. 우리

막둥이 덕분에 내가 아파트란 곳에도 살아보는구나.”

사실 당시 내 형편으론 32평 아파트는 무리였다. 내가 가진 돈으로 24평 전세를 구하면 알맞았다. 하지만 그 평수엔 어머니, 장인어른, 아내와 나, 그리고 출소한 큰형과 조카까지 우리 가족 모두 모여 살기엔 불편할 것 같았다. 그래서 나는 과감히 공간을 넓힌 대신 매달 월세를 부담하기로 했다.

가치가 크다면 질러라, 그리고 책임져라

우리 가족에게 집이란 공간은 특별한 의미를 가진다. 스무 살이 될 때까지 나는 공동 화장실 옆의 월세집을 벗어나질 못했다. 군복무를 마치고 나와서도 8개월 동안 남대문시장의 짐꾼들 숙소에서 지내야 했다. 그래서인지 따뜻하고 아늑한 ‘내 집’에 대한 열망이 남달랐다.

아내의 형편도 별다르지 않았다. 남대문시장 짐꾼 생활을 청산하며 처음으로 아내의 집에 인사를 갔다. 아내의 집은 그 열악함이 우리집보다 더했으면 더했지 결코 덜하지 않았다.

“아버님, 안녕하십니까. 인사가 많이 늦었습니다.”

“어서 오게. 집이 많이 누추하지? 보다시피 내 몸이 이 꼴이라 이 녀석 혼자 벌이를 하다 보니 변변한 살림살이도 없다네.”

아내의 집은 ‘집’이라고 하기에도 민망할 만큼 많이 허술했다. 절반 이상이 실종돼버린 벽지와 그 아래로 잿빛 시멘트벽이 훤히 드러나 있었다. 살림살이라곤 휴대용가스버너 2개가 전부였고, 가구라고 해서 별다르진 않았다. 이불과 옷을 넣어둘 장롱은 물론이고 작은 서랍장도 없어서 모든 짐들이 여기저기 민낯을 드러낸 상태로 쌓여 있었다. 집을 둘러보는 것조차 미안해진 나는 눈을 어디에 둬야할지 몰라 난감해졌다.

"집사람이 이 녀석 고등학교 때 저 세상으로 갔어. 다른 놈들은 다 저 살겠다고 나갔는데 이 녀석이 내 옆에서 이 무거운 짐을 다 지고 가네. 가엾게 여기고 많이 위하고 아껴주게나."

알고 보니 아내는 고등학교 2학년 때 엄마를 잃고, 이후론 병든 아버지를 돌보며 가장 아닌 가장이 되어 나처럼 무거운 삶을 살고 있었다. 평소 그늘이라곤 찾아볼 수 없을 정도로 밝고 긍정적인 성격이라 짐작조차 못했었다.

"안 되겠다. 우리 얼른 결혼하자."

"어디서 살게요? 당신도 나도 살 곳이 없잖아요. 게다가 아버지까지 저렇게 편찮으신데."

"여기서 함께 살면 되지. 당장은 힘들고 불편하겠지만 나 믿고 2년만 더 고생하자. 내가 꼭 아파트 장만해서 아버님도 함께 모실게."

나는 아파트를 장만해 어머니를 모시기로 했던 계획에 아내와 장인어른도 포함시켰다. 그렇게 우리는 가족이 됐고, 나는 그 책임을 다하기 위해 더 열정적인 걸음을 내딛었다. 당시 나는 남대문시장의 짐꾼 생활을 정리하고 학습지 영업사원으로 일하고 있었다. 다행히 영업직은 땀을 흘린 만큼의 대로 대가가 주어졌기에, 나는 힘든 줄도 모르고 밤낮없이 뛰었다.

그렇게 결혼 후 2년 동안 학습지 영업을 하며 열심히 돈을 모은 덕분에 나는 어머니와 약속한 3년이 되기 전에 32평 아파트를 장만했다. 마침내 내 가족들을 모두 한 공간에서 돌볼 수 있게 된 것이다.

"여기보다 더 넓은 덴 없을까요? 저희가 가족이 좀 많아서요."

"그 돈으론 24평 이상은 구하기 어려워요. 반전세라면 좀 더 넓은 곳을 구할 수 있을 테지만."

"반전세요? 그게 뭐죠?"

부동산중개업소를 돌며 아파트를 알아보던 중 나는 반전세라는 것을 알게 됐다. 보증금을 걸고, 모자란 부분만큼은 월세로 돌리는 것이다. 당시 내가 준비한 돈이 6천만 원이었는데, 매달 월세 20만 원만 더 내면 8평이나 더 넓은 아파트에서 살 수 있다고 했다.

"이 집으로 할게요."

"괜찮겠어요? 20만 원도 매달 내다 보면 부담이 클텐데. 그냥 조금 좁더라도 형편에 맞춰서 하시지."

"아뇨. 전 이 집으로 하겠습니다."

32평 아파트를 직접 눈으로 보고나니 24평은 아예 기억조차 나지 않았다. 나는 무조건 32평 아파트를 구입하겠다고 했다. 당시로는 20만 원도 제법 큰돈이었지만, 그래도 자신 있었다. 더 열심히 일할 자신도 있었고, 담배와 술을 줄여 그 돈을 메워 넣을 자신도 있었다. 내가 조금 더 고생해서 우리 가족 모두가 편하고 안락하게 살 수 있다면 나는 기꺼이 그 고생을 감내할 수 있었다.

전문가들은 발전을 바란다면 목표를 자신의 능력보다 조금 상향해서 설정하라고 조언한다. 예컨대 100이 평소 능력이라면 다음 목표로는 120 정도를 잡으라는 것이다. 너무 무리해서 200을 잡으면 몇 걸음 가지도 못해 지레 포기하고 말 것이며, 능력치인 100을 설정하면 편하기야 하겠지만 발전이 없기 때문이다. 우리네 삶도 마찬가지다. 엄청나게 무리하는 것은 문제이지만 어느 정도는 무리해도 된다. 그 정도 책임을 질 능력은 다 자신 안에 갖고 있다. 그것을 행하고 가짐으로써 더 큰 에너지를 얻을 수 있다면 과감히 지르되, 대신 무조건 책임져야 한다.

가진 게 두 쪽뿐인
사람은 없다

성취하지 못한 사람들의 가장 흔한 변명 중 하나가 '돈이 없어서'이다. "돈이 있어야 하지, 돈이 없어서 못했어!" 정말 괜찮은 대박 아이디어가 있었는데 그것을 실현시키지 못한 것도, 배움의 끈이 짧은 것도, 심지어 지금 행복하지 않은 것도 모두 '돈' 때문이란 것이다. 어설프고 비겁한 변명이 아닐 수 없다.

물론 돈은 장점도 많고 힘도 세다. 하지만 그것이 결과를 바꾸어놓을 만큼 절대적이진 않다. 외려 돈이 없거나 부족한 것이 내 안에 꽁꽁 숨겨져 있던 돈 이외의 요소들을 끌어내기에 더 효과적이다. 나는 돈이 없었던 덕분에 '100억 원'이라는 목표를 세웠고, 그것을 이루기 위해 힘껏 내 안의 것들을 짜냈다. 땀과 시간을 아끼지 않았고, 역경

앞에서 더 노력하고 인내했다. 다양한 채널로 정보를 구하고, 꼼꼼한 분석으로 기회도 살폈다.

감자탕을 시작으로 외식사업에 발을 담그기 전, 나는 여러 업종의 일을 경험해봤다. 남대문시장 짐꾼부터 학습지 영업사원, 목각교구판매사업, 부동산 중개업, 기획사 매니저, 신문사 영업사원, 경호원 등 전혀 관련이 없는 업종들을 오가며 내 나름의 방식으로 세상을 배워 나갔다.

좌충우돌하긴 했지만 나는 내 앞날이 염려되거나 불안하지는 않았다. 새로운 일들을 경험할 때마다 늘 새로운 깨달음을 얻었기에 오히려 내 안에 내공이 차곡차곡 쌓이는 것이 느껴졌다. 하지만 서른 살을 목전에 둔 나이가 되고 보니, 이제는 내가 평생 뼈를 묻을만한 일을 찾아야 한다는 생각이 들었다. 지금껏 땅을 고르며 비옥한 옥토를 만드는 데 정성을 들였다면 이제는 씨앗을 뿌리고 수확을 위한 정성을 들여야 할 때였다.

당시 나는 음식장사를 염두에 두고 있었다. 아이까지 태어난 때라 여섯 식구를 먹여 살려야만 했다. 게다가 '100억 원'이란 목표를 달성하려면 장사, 그중에서 정직한 땀으로 승부를 거는 음식장사가 최선책이란 생각이 들었다.

"여보, 나 저거 한번 먹어보고 싶어요."

음식장사를 하겠다는 큰 숲이 결정된 이후, 나는 구체적으로 어떤 나무를 심을 것인지, 즉 어떤 음식을 팔지에 대한 궁리를 하고 있었다. 그러던 어느 날, 퇴근길에 아내가 한 식당을 가리키더니 큰 호기심을 보였다. 얼핏 보니 뼈다귀집 같기도 하고 감자탕집 같기도 했다.

"다음에 가면 안 될까? 나 오늘 엄청 피곤한데."

"그래도 한번 가봐요. 저 집은 항상 손님들이 많아요. 음식이 엄청 맛있나 봐."

웬만해선 떼를 쓰지 않는 아내였기에 나는 못 이기는 척 식당으로 따라 들어갔다. 당시 아내는 동네에서 조그마한 세탁 체인점을 하고 있었고, 나는 신문사 영업 일과 경호원 일을 병행하고 있었다. 일을 마치면 늘 아내와 함께 집에 갔는데, 그날 우연히 감자탕 가게에 들어가게 된 것이다.

"여보, 이거 정말 맛있네. 한번 먹어봐요."

"난 밥을 먹어서 별로 생각이 없어. 당신이나 많이 먹어."

"그러지 말고 한입만 먹어봐요. 정말 맛있어요."

나는 이미 저녁을 먹었기에 아내만 뼈다귀해장국 한 그릇을 시켜주었다. 그런데 그날따라 아내가 자꾸 한입 먹어보라며 권했다. 평소 아내는 내가 싫다고 하면 다시 권하는 일이 거의 없었다. 그런데 그날은 세 번이나 권하는 통에 어쩔 수 없이 한입 먹어보았다.

"오? 정말 맛있는데!"

나는 국물을 목에 넘기자마자 "이거다!"라며 무릎을 쳤다. 그리고는 아예 한 그릇을 더 시켜 마지막 한 방울까지 싹싹 비워냈다. 지금은 다양한 감자탕 프랜차이즈 브랜드들이 있어서 맛의 차이가 크지 않지만 당시 동네 식당과 비교했을 때 획기적인 맛과 서비스였다. 시대가 요구하는 새로운 맛을 만난 느낌이었다.

그날 이후 나는 하루가 멀다 하고 그 집에 들러 여러 메뉴들을 시켜 먹어보았다. 친구나 선배, 가족들과 식사를 할 때도 항상 그 집에 가서 음식맛의 평가를 부탁했는데, 다들 하나 같이 엄지손가락을 치켜들었다. 나의 확신에 지인들의 확신까지 보태지니 더 이상 망설일 이유가 없었다.

누구나 제 밥그릇은 타고난다

우연한 기회에 만난 감자탕이란 아이템은 내 인생의 궤도를 완전히 바꿔놓았다. 그런데 이런 우연도 미리 준비한 사람에겐 필연이 되고, 성공의 기회가 된다. 수많은 사업 아이템 중에 유독 음식장사가 눈에 들어온 것은 배고팠던 기억이 너무 컸기 때문이다. 배고픔의 기억은 나에게 맛있고 푸짐한 음식에 대한 욕구를 생기게 했고, 그것은 곧 남다른 관심으로 이어졌다.

"사장님, 쌈장이 정말 맛있네요. 시원한 맛도 나고 고소한 맛도 나네요. 직접 만드셨어요?"

"네. 우리 집사람이 특별히 제조한 쌈장입니다. 하하."

"혹시 실례가 아니라면 그 비법 좀 알 수 있을까요? 쌈장 하나만 있으면 다른 반찬 없어도 밥 한 그릇 뚝딱할 거 같아서요."

"어휴, 그 정도로 맛있다면야 가르쳐드려야죠. 시원한 맛은 마늘을 다져 넣어서 그럴 테고, 고소한 맛은 땅콩가루를 넣어서 그럴 겁니다. 하하."

"아, 마늘과 땅콩가루! 쌈장을 조금 얻어가도 될까요? 너무 맛있어서 흉내라도 내보려고요."

"나중에 가실 때 조금 싸드릴게요. 젊은 분이 음식에 관심이 많나 봐요. 하하."

이전까지 내가 해왔던 일들은 대부분이 영업일이었다. 그러다보니 외부에서 식사할 일이 많았는데, 그럴 때마다 나는 일부러 장사가 잘 되는 음식점을 찾아다니며 맛은 물론 장사 비법까지 꼼꼼히 살폈다. 머지않은 그 훗날을 미리 준비한 것이다.

사설 경호원 일을 할 때엔 외국에 나갈 일이 잦았다. 공짜로 외국 관광을 할 기회였지만 나는 멋진 건물과 풍광이 아닌 먹거리시장부터 살폈다. 단지 맛있는 음식을 찾는 수준이 아닌 그야말로 외식시장의 판세를 읽으려고 노력했다. 그러던 중 뭔가 큰 흐름이 보였다. 몇몇 유명 패스트푸드점만 뜨고 있던 한국과는 달리 선진 외국은 다양한 외식프랜차이즈 사업이 성업이었다. 특히 그 나라 고유의 음식들이 프랜차이즈 사업화되어 가맹점들이 늘어나고 있었는데, 한국 시장에서도 충분히 성공 가능성이 있어 보였다.

내가 외식사업에 관심을 갖게 된 또 다른 이유는 내 나름 맛을 알아보는 까다로운 미각을 가졌다고 자부하기 때문이다. 물론 전문가들처럼 구체적인 근거를 제시하며 섬세하게 분석할 순 없었지만 소위 말하는 '촉'은 있었다.

"우와, 정말 맛있네."

"네가 웬일이냐? 맛있단 소리도 다 하고."

"음, 이 집은 분명 대박날 거야."

"설마? 아무리 음식이 맛있어도 이렇게 외진 곳에 있으면 대박나기 힘들어. 아는 사람만 찾아오지."

"두고 봐. 분명 몇 달 안에 손님이 줄을 설걸."

어릴 때부터 나는 맛에 대한 감각이 남달랐다. 가난한 살림에 제한적인 재료로도 어머니는 늘 꿀맛 같은 음식을 만들어주셨다. 워낙 어머니의 음식솜씨가 출중하셨던 덕분에 나는 어른이 돼서도 아주 맛있는 집이 아니고서는 맛있다는 소리를 안 할 정도로 입이 고급이 됐다. 그 덕분에 내가 맛있다고 인정한 집은 반드시 대박이 났다.

배고픔에 대한 보상, 맛에 대한 감각 외에도 내가 외식사업에 관심을 가진 것은 정직한 사업이라는 확신이 있었기 때문이다. 좋은 재료로 맛있는 음식을 정성껏 만들어 합리적인 가격에 내놓고, 친절과 청결을 기본으로 한다면 싫어할 사람이 어디 있겠는가? 노력하는 만큼, 땀 흘리는 만큼 성과를 얻을 수 있다는 것은 가장 강력한 동기부여가 된다. 더욱이 나처럼 가진 것이 딸랑 몸뚱이 하나 뿐인 사람은 더더욱 그것의 힘을 믿고 나가야 한다.

자기 밥그릇은 타고난디는 말처럼 사람은 모두 제 안에 밥 챙겨 먹을 그릇 하나씩은 타고 난다. 물론 흙으로 된 그릇도 있을 테고 금으로 된 그릇도 있을 것이다. 애초에 타고난 수저가, 그릇이 뭐 그리 대수일까. 진짜 중요한 것은 그 안에 무엇을 담느냐이다.

기회는 벨을 누르지 않는다

아무것도 없이 태어났다고 생각했던 내 삶에도 알고 보면 곳곳에 기회가 숨어 있었다. 고3이 됐을 때 당구장을 맡아 운영해보지 않겠느냐는 제의가 들어왔다.

"네가 당구장을 좀 맡아서 운영해주면 안 될까?"

"네? 제가요?"

동네에서 친하게 지내던 형이 개인적인 사정상 당구장 운영이 힘들다며 내게 맡아달라고 했다. 고민 끝에 나는 제의를 받아들였다. 고3이라곤 하지만 공부와는 담을 쌓은 지 오래라 딱히 할 일도 없었지만, 무엇보다 휴지를 팔며 장사의 매력을 알고 있었던 터라 다시 한 번 내 능력을 시험해보고 싶었다.

"다른 건 필요 없고 월세 내고 30만 원만 매달 우리 집사람한테 줘라. 그 정도는 해줄 수 있지?"

"그럼 남는 돈은 다 제몫인가요?"

"그래. 남을지 안 남을지는 모르겠다만 남으면 너 다 가져라."

약속한 30만 원과 가게 월세를 제외하곤 모두 내 것이 되니 제대로 해볼 만했다. 게다가 나는 "장사가 잘되면 권리금의 절반도 내 몫"이라는 조건까지 내걸었고, 형은 흔쾌히 고개를 끄덕였다. 월세도 못 낼 만큼 망해가던 가게였으니 형의 입장에선 거절할 이유가 없었다.

결코 손해 보지 않는, 멋진 제안이었지만 최종 결정에 앞서 나는 관찰부터 시작했다. 성공 가능성을 판단하기 위해 우선 당구장의 현

상황부터 객관적으로 살피기로 한 것이다.

"어휴, 짐작대로군. 여기저기 쓰레기 천지에 담배 냄새까지…. 이러니 손님이 안 오지."

짐작대로 당구장은 망하기 일보 직전의 상태였다. 동네 양아치들이 주로 드나들다 보니 지저분한 데다 분위기마저 어둡고 침침했다. 물론 그렇다고 해서 회생 가능성이 전혀 없는 것은 아니었다. 당시는 요즘과 달리 청춘들이 저렴하게 시간을 때울 만한 장소가 거의 없었던 때라 당구장이 꽤 성업했었다. 더욱이 그 지역은 인근에 공장이 많아 젊은 공장 직원들이 퇴근 후 놀 만한 곳이 필요했다. 수요가 충분한 이상, 조금만 노력하면 얼마든지 살아날 수 있었다.

나는 인근의 잘된다는 당구장들을 찾아다니며 그들만의 특징을 살폈다. 일단, 주 고객층은 짐작대로 공장 직원들이었다. 그 외에 낮 시간대에는 나름 논다는 불량 학생들, 저녁 시간대에는 넥타이를 맨 회사원들이 드나들었는데 그들은 공장 직원들에 비해 그 수도 훨씬 적었고, 머무르는 시간도 짧았다.

잘되는 당구장과 안 되는 당구장의 특징을 분석해본 결과, 우선 안 되는 당구장은 하루 종일 동네 양아치나 건달들이 죽치고 있으면서 거친 말과 행동을 일삼았다. 간이 제법 크지 않고서는 가기가 꺼려졌다. 게다가 당구장을 오르내리는 계단, 화장실 등은 온통 담배꽁초와 쓰레기들로 가득했고, 당구장 안은 늘 쾌쾌한 담배연기에 절어 있었다. 그러니 일반손님들이 거의 찾지 않을 뿐더러 어쩌다 모르고 왔더라도 기겁을 하며 도망을 갔다.

반면 잘되는 당구장은 거칠고 매너 없는 손님들이 드나들지 않으니 무엇보다도 조용하고 깔끔했다. 당구장 안은 물론 화장실이나 계단도 늘 깨끗하게 관리돼 있었다. 뿐만 아니라 손님을 대하는 주인장의 태도나 서비스도 좋았다. 요구르트를 내어주는 것은 기본이고 1시간 게임이 끝나고 나면 수고했다면서 커피도 내어준다. 그러면 고맙고 미안한 마음에 또 한 게임 더 하게 된다.

"좋아요. 제가 한번 해볼게요. 대신 세 가지 조건이 있습니다."

내 나름의 분석이 끝나자 나는 형의 제의를 받아들였다. 대신 세 가지 조건을 내걸었다. 첫째, 낡은 시설을 보수할 수 있도록 50만 원만 달라. 둘째, 동네 양아치 선배들 중에 내 나이 위로는 당구장에 출입을 못하도록 손을 써 달라. 내 나이부터 그 아래로는 내가 통제하겠다. 셋째, 나는 군입대를 빨리 할 계획이다. 내가 운영하는 동안 당구장이 잘돼서 나중에라도 권리금을 받고 정리하게 되면 그중 절반은 나를 달라.

지금 생각해도 꽤 야무지고 당돌한 조건이었다. 형의 제의가 감사하긴 했지만 그렇다고 내가 무조건 을이 되어 굽실댈 필요는 없었다. 갑과 을이 아닌 당당한 파트너 관계여야 했다. 그래야지만 나도 최선을 다할 수 있을 것 같았다. 이때의 경험은 훗날 프랜차이즈 본사와 가맹점과의 건강한 관계에 대한 나의 올바른 철학을 정립하는 데 큰 도움이 됐다.

"알았다. 그 정도야 당연히 해줘야지. 대신 너도 약속 꼭 지켜라."

다행히 형은 흔쾌히 내 제안을 받아들였고, 나는 즉시 당구장 사업에 대한 꼼꼼한 준비에 돌입했다. 청소와 시설 보수는 기본이고 당시 여신으로 불렸던 세계적인 여배우들의 대형 브로마이드도 당구장을 올라오는 계단 중간마다 층층이 붙여두었다. 친구들의 도움을 받아 인테리어를 하는 동안 나는 또 다른 팀을 꾸려 당구장 홍보도 병행했다. 홍보를 맡았던 친구들은 평소에 어울려 지내던 예쁜 여자애들을 오토바이에 태우고 그 일대 공장 주위를 돌며 전단지를 돌렸다.

"다들 요구르트 하나씩 드시면서 하세요."

"좀 전에 주셨는데요?"

"아휴, 또 드세요. 아니면 커피 한 잔씩 타드릴까요?"

"그렇게 퍼줘서 뭐가 남아요? 손해 안 보면 다행이겠네요. 하하."

"그러니 자주 와주셔야죠. 그래야 제가 먹고 살죠. 헤헤."

그렇게 새 단장을 마친 당구장은 다시 영업을 시작했는데, 환경도 서비스도 이전과는 확연히 달라지니 손님이 몰려들었다. 손님이 들면 나는 30분마다 요구르트, 커피, 녹차, 식혜 등 다양한 음료를 번갈아가며 서비스하고, 한 시간 이상 게임을 하는 손님에겐 담배도 서비스로 줬다. 물론 형식적인 물량 공세 서비스만은 아니었다. 웬만해선 고개 숙일 줄을 몰랐던 내가 진심으로 그들에게 감사의 인사를 했고, 뭐든 더 챙겨줄 게 없는지 궁리했다. 이유는 오직 하나였다. 수많은 당구장 중에 우리 가게를 찾아준 것이 너무나 고마웠기 때문이다.

군 복무 문제로 내가 당구장 운영을 더 이상 할 수 없게 되자, 형은 아예 다른 사람에게 매장을 넘기자고 했다. 다행히도 장사가 잘된다는 소문이 나있었기에 권리금까지 챙겨주며 자신에게 넘기라는 사람들이 몇 명 있었다.

"정열아, 그동안 고생 많았다. 권리금으로 받은 돈 2천만 원 중 천만 원은 약속대로 네 몫이다."

형은 망해가던 당구장을 잘 운영해준 것도 고마운데 권리금까지 받고 정리할 수 있게 돼 고맙다며 애초의 약속대로 권리금의 절반을 내게 주었다. 나는 내 몫으로 받은 천만 원을 어머니께 드렸고, 덕분에 우리 가족은 동네 공동화장실 옆의 월세집 신세에서 벗어날 수 있게 됐다.

채 1년이 안 되는 짧은 경험이었지만 당구장 운영은 내 삶의 방향을 바꿔놓은 감사한 기회였다. 장사의 기본을 배운 것은 물론 고객을 대하는 진심의 힘까지 느낄 수 있었다. 특히 내가 흘린 정직한 땀이 결국엔 값진 열매가 되어 돌아온다는 진리를 확인했던 덕분에 이후로 내가 어떻게 살아야할지도 어렴풋이나마 알게 됐다.

우리는 삶의 곳곳에서 선택의 순간과 마주한다. 선택할 수 있다는 것은 그만큼 기회가 있다는 것이다. 그리고 그 기회 안엔 제법 알찬 희망 또한 숨어 있다. 그러니 가진 것이라곤 빈 주먹이 전부라며 한숨 내쉴 필요 없다. 누구에게나 기회는 오고, 지금 내 손이 비어 있는 것은 기회를 힘껏 움켜쥐라는 뜻이다.

길을 찾았으면,
무조건 가라!

2000년을 열던 서른 살의 겨울이었다. 감자탕 장사에 대한 확신을 얻은 후 나는 무조건 그것을 향해 돌진했다.

"여보, 우리 저거 하자."

"네? 감자탕 장사를 하자고요?"

나의 느닷없는 말에 당연히 아내는 황당해 했다. 음식장사를 해본 경험도 없거니와 점포를 얻을 돈조차 없는데 대뜸 장사를 하자니 황당할 수밖에…. 그런데 더 큰 문제는 따로 있었다. 온 나라가 외환위기의 늪에 빠져 사느냐 죽느냐의 위기에 처해 있었다. 몸을 사리며 웅크려 있어도 위험한 상황에 나는 아내에게 펄쩍 뛰어올라보자고 한 것이다. 이래도 죽고 저래도 죽을 것이라면 온 힘을 다해 한번은 뛰어올라봐야 할 것 같았다.

"경기가 안 좋아서 다들 하던 장사도 접는 마당에 장사를 하자고요? 그것도 음식장사를요?"

"아무리 경기가 안 좋아도 밥은 먹어야 하잖아. 그리고 우리가 맛있고 정직하게 음식을 만들면 사람들은 분명 알아줄 거야. 난 정말 자신 있어."

장사 중에 가장 힘들다는 음식장사였지만 오히려 그 힘듦은 기회로 보였다. 정직하게 준비해서 정성껏 대접한다면 반드시 땀의 대가가 돌아올 것이라 확신했다.

"그럼 돈은요? 돈이 있어야 장사를 하죠."

"우리가 왜 돈이 없어. 집이 있잖아."

나는 아파트 전세 보증금을 빼서라도 장사를 할 것이라고 말했다. 나의 단호한 표정에 아내는 더는 반대하지 않았다.

"당신이 이렇게까지 할 땐 이미 마음을 굳혔다는 거니 더는 반대하지 않을게요. 대신 우리 정말 죽을힘을 다해서 열심히 해봐요."

"고마워, 여보. 내 목숨을 걸고라도 반드시 성공하고 말거야."

감자탕 장사에 대한 확신이 서자 나는 다른 선택지를 모두 없애고 오로지 한곳만 바라보고 가기로 결심했다. 우선, 다니던 회사부터 그만뒀다. 당시 신문사 영업과 경호원 일을 병행하고 있었기에 수입이 꽤 괜찮았지만 그것이 내 마음의 한곳을 붙잡고 있는 것이 싫어 과감히 정리했다. 죽을힘을 다하려면 정말 이것 아니면 죽을 수밖에 없는 상황을 만들어야 할 것 같았다. 다음날부터 나는 하루 종일 점포 자리를 알아보러 다녔다. 어머니와 장인어른께는 차마 내 생각을 말씀드리지 못했다. 어르신들의 눈엔 내 행동이 무모해보일 게 뻔했기 때문이다.

죽을 각오로 덤벼라, 그래야 산다

당시 감자탕 장사는 내게 단순한 돈벌이가 아닌 생존과도 같은 간절한 목표였다. 여러 직업을 전전하는 동안 나는 당장의 수입과는 무관하게 늘 가족들의 생계를 걱정해야 했다. 들쑥날쑥한 벌이도 문제였지만 무엇보다 그것이 내 길이 아니란 느낌이 강했다. 더 늦기 전에 내 가슴을 뛰게 하는 진짜 길을 찾고 싶었다. 그리고 그 길에서 목숨을 내걸고, 제대로 한번 뛰어보고 싶었다.

인간에게 생존은 단지 죽지 않고 목숨을 연명하는 것만을 의미하지는 않는다. 납작 엎드려서, 있는지 없는지 그 존재감조차 느껴지지 않는 삶은 그저 죽지 않은 것일 뿐 진정한 의미의 생존은 아니다. 산다는 것, 생존한다는 것은 내 안의 것을 힘껏 피어내는 일이다. 몸과 마음의 에너지를 끌어올려 스스로 성장하는 것이다. 내일과 다른 오늘, 오늘과 다른 내일을 위해 스스로를 끊임없이 혁신하는 것이다.

그날 이후 나는 머릿속에 계산기가 작동되지 않는 사람처럼 오로지 '감자탕'만 보고 달려갔다. 가진 돈이라곤 아파트 임대 보증금 6천만 원이 전부였으니 자금 계획이랄 것도 딱히 없었다. 가게를 하기 위해선 가족 모두가 월세방으로 옮겨야 하는 상황이라 걱정이 컸지만 나는 무조건 밀어붙이기로 했다. 감자탕 장사에 대한 확신이 컸던 만큼 오래지 않은 그날, 다시 안락한 공간으로 돌아오리란 걸 믿었다.

마음에 드는 가게 자리를 알아보러 다니던 중, 내 가슴을 뛰게 하는 가게자리를 보게 됐다. 그런데 내가 가진 돈으론 어림도 없는 자리였다. 그 점포에 감자탕 가게를 열려면 1억 8천만 원 정도가 필요했다. 그런데 집을 빼서 나온 돈이 6천만 원이 전부라 1억 2천만 원이라는 큰돈이 더 필요했다. 한숨이 터져 나올 법도 했지만 나는 포기하지 않았다. 돈을 구할 방도도 마련하지 않은 채 덜컥 점포부터 계약했다. 일단 저지르고 보기로 한 것이다.

일을 저지른 이상 책임은 필수다. 1억 2천만 원을 구하지 못하면 전 재산인 6천만 원을 날릴 상황이니 어떻게 책임을 지지 않을 수 있겠는가? 다음날부터 나는 친구, 선배, 후배, 군대동기 등 연락이 가능한 모든 사람들에게 돈을 부탁했다. 체면이나 자존심 따위를 생각할 때가 아니었다. 직장도 관두고 살던 아파트도 내놓았기에 돈을 구하지 못하면 나뿐만 아니라 가족들 모두가 치명적인 위기에 빠질 상황이라 무조건 구해야 했다.

"미안하다. 요즘 경기가 너무 안 좋아서 나도 딱 죽기 직전이다."

돈을 빌리는 것이 그렇게 힘든 일인 줄 처음 알았다. 이 사람만큼은 꼭 빌려줄 것이라 믿었던 이가 이런저런 핑계를 대며 외면하는 모습에 상처를 받기도 했다. 하지만 나에게 귀한 것은 그들에게도 귀한 것일 테니 마냥 서운해 할 수만은 없었다. 게다가 경기가 너무 안 좋앗던 때라 빌려주고 싶어도 빌려줄 돈이 없는 상황이기도 했다. 심장이 바짝 타들어갈 정도의 우여곡절도 있었지만 다행히 잔금을 치르기 하루 전에 극적으로 돈을 모두 마련했다.

"어머니, 저 장사를 해야겠습니다."

잔금을 치르고 난 후 어머니께 계약서를 보여드리며 내 계획을 설명해드렸다. 그런데 어머니는 내가 예상하는 것 이상으로 너무나 강력하게 반대를 하셨다.

"안 된다, 절대 안 된다."

빚을 갚느라 너무 많은 고생을 하신 탓에 어머니는 남의 돈을 빌려 쓰는 것을 극단적으로 싫어하셨다. 게다가 장사가 잘 안 돼 큰 손해를 보기라도 한다면 우리 가족의 위기는 물론이고 나를 믿고 돈을 빌려주셨던 분들에게도 막대한 피해가 가는 일이었다.

"어머니가 반대하셔도 전 합니다. 안 그러면 제가 죽을 것 같습니다."

내 뜻이 너무 완강하니 어머니는 마침내 타협점을 제시하셨다. 장사가 안 돼 계획대로 빚을 갚지 못할 상황이 됐을 때 어떤 방식으로 그 책임을 다할 것인지 방법을 찾아오라셨다. 암담했다. 무조건 열심히 해서 그 돈을 갚는 것 외에 무슨 방법이 있을까? 그런데 어머니는 안 될 경우까지 생각을 하고 분명한 방법을 찾아오라고 하셨다.

그날 이후 어머니는 물 한 모금 마시지 않으셨다. 연세도 많으신 분이 당신의 건강을 담보로 그런 고집을 피우시니 내 속이 바짝바짝 타들어갔다. 속상한 마음에 친구들과 대낮에 술잔을 앞에 두고 신세

한탄을 해댔다. 그때 친구 중 한 녀석이 내 눈치를 보며 조심스레 말을 꺼냈다. 내가 죽으면 3억 원이 보장되는 종신보험이 있다며, 그거라도 가입해서 어머니를 설득하라는 것이었다. 나는 귀가 솔깃했다.

"야, 그거 좋다! 당장 가입하자."

"너 정말 괜찮겠니? 네 목숨이 담보가 되는 셈인데."

"괜찮아. 어차피 죽을 각오로 저질렀어. 그러니 무조건 잘할 자신 있어. 보험은 그냥 어머니 설득용이니 걱정하지 마."

내가 죽어야 돈이 나오는 보험이지만 상관없었다. 죽을 각오로 장사에 임할 테니 장사가 안 될 일은 절대 없기 때문이다. 만에 하나 어머니의 염려대로 장사가 잘 안 돼 약속을 지킬 수 없는 상황이 되면 그땐 정말 내 목숨을 내놓을 각오도 했다.

그날 저녁, 나는 아내에게 유서와도 같은 편지를 썼다. 내가 죽은 뒤 보험금이 나오면 누구에게 얼마를 갚아야할지에 대해 구체적으로 적어두고, 남은 돈으로 가족들이 어떻게 살았으면 좋겠다는 내용도 적어두었다. 덤덤하게 써내려가기 시작했던 편지는 끝내 굵은 눈물로 마무리됐지만 마음만은 그 어느 때보다 자신감으로 충만해 있었다.

"어머니, 이게 제 대답입니다."

나는 어머니께 보험증서를 보여드리며 만약의 경우가 발생했을 때 어떻게 빚을 갚을 것인지에 대해 설명해드렸다. 어머니는 보험증서를 내려다보시며 긴 한숨을 내쉬셨다. 자식이 제목숨으로라도 신의를 지키고 책임을 다하겠다고 하니 할 말을 잃으신 것이다.

감사하게도 어머니는 나를 믿어주셨고, 이후로 가장 든든한 우군이 되어주셨다. 돌이켜 생각하면 그때 내 목숨을 담보로 한 보험증서를 어머니께 내밀었던 것이 너무 죄송스럽다. 그것을 바라보는 어머니의 마음이 얼마나 아리셨을까. 그럼에도 나는 다시 그때로 돌아간다 해도 같은 선택을 할 수밖에 없다. 가진 게 없으면 목숨이라도 내놓으며 끝까지 책임을 져야 한다. 그런 강한 책임감이 우리에게 죽기 살기로 내달릴 수 있는 초인적인 힘을 끌어내어 준다. 목숨을 담보로 내놓고 죽을 각오로 일을 질렀으니, 이젠 무조건 해내는 것 말고는 다른 도리가 없다.

모든 일은 항상 실패의 가능성을 품고 있다. 강한 확신으로 시작한 일일지라도 예상치 못한 변수들로 실패할 가능성이 있기에 사람들은 대부분 다시 되돌아갈 길을 남겨둔다. 하지만 진짜 그 일을 성공시키고 싶은 절실함이 있다면 다른 선택지를 남겨두어선 안 된다. 퇴로가 사라진 병사는 죽을 각오로 전쟁에 임하지만, 퇴로를 남겨둔 병사는 여차하면 도망갈 생각을 하느라 싸움에 전력을 다할 수 없다. 모든 것을 버리고, 마지막 남은 목숨마저 내걸 때 진짜 바라던 것을 얻을 수 있다.

기칠운삼(技七運三), 운빨보단 땀빨

"어서 오십시오. 20분 정도 기다리셔야 하는데 괜찮으시겠습니까?"

"기다릴래? 아님 딴 데 갈까?"

"기다리지 뭐. 사람들이 이렇게 줄을 설 땐 다 그만한 이유가 있지 않겠어?"

내 인생의 첫 감자탕 가게는 개업 첫날부터 그야말로 대박이었다. 손님들이 가게 안을 꽉 채운 걸로도 모자라 문밖에서 대기까지 하고 있었다. 그덕분에 잠시 엉덩이를 붙일 짬도 없이 다리가 퉁퉁 붓도록 하루 종일 매장안팎을 오갔다. 몸은 천근만근이 되어 무너져 내렸지만 마음만은 덩실덩실 춤을 추었다. 이제 더 이상은 내 식구들이 배를 곯을까 걱정하지 않아도 된다는 생각에 피곤하기는커녕 콧

노래가 절로 나왔다.

처음 며칠간은 소위 말하는 개업발이 아닐까 하는 불안함이 들기도 했다. 그런데 한 달이 지나고 두 달이 지나도 손님들의 발길이 끊이질 않았다. 그럼 그렇지! 드디어 내 인생에도 하늘이 내린다는 그 '천운'이 든 것이다.

"이얏! 완전 대박인데? 가게 자리가 좋은가?"

"자리가 좋긴. 이전 주인이 여기서 닭갈비집을 했는데, 그땐 파리만 날렸대."

"그래? 그럼 저 녀석이 운이 트인 모양이네."

내가 감자탕집을 개업했단 소식에 가게를 찾은 친구들은 북적이는 손님들을 보며 눈이 휘둥그레졌다. 그리곤 하나 같이 내게 운이 트였다며 축하해줬다. 하루 10만 원도 못 팔던 가게를 인수해 하루 300만 원이 넘는 매출을 올리는 대박가게를 만들어놨으니 나 역시 '운' 말고는 딱히 설명할 말이 없었다. 하지만 분명 '운'이 전부가 아님도 알고 있었다.

목숨을 담보로 내놓고 시작한 일을 어찌 운에만 기대겠는가. 무조건 발로 뛰고 땀 흘리는 노력만이 정직한 성과를 가져온다. 점포를 계약한 이후부터 남들보다 더 열심히 뛰어다녔다. 당시 나는 감자탕 점포의 개인 창업이 아닌 프렌차이즈 가맹점을 선택했다. 제대로 된 장사 경험도 없는데다 음식장사라곤 식당에서 밥을 먹으며 유심히 관찰을 했던 것이 전부라 선택의 여지가 없었다. 그대신 프랜차이즈 본사가 제공하는 정보나 교육에만 의존하지 않았다. 나의 땀을 보탤 수 있는 것들을 적극적으로 찾았고, 수고와 열정을 아끼지 않으며 남다른 노력을 기울였다.

'운' 같은 소리 하지 마라

언젠가 읽은 책에서 10미터의 힘에 대해 알게 됐다. 별 것 아닌 것 같은 그 작은 노력이 인생의 성패를 가른다는 것이다. 나는 10미터의 힘에 크게 공감하며 책을 읽는 내내 고개를 끄덕였다.

"10미터? 아니, 그거 더 뛰어서 뭐 하게?"

땀 몇 방울 더 흘린다고 인생이 뭐 그리 대단하게 바뀌겠는가! 이렇게 말하는 사람의 십중팔구는 분명 아직까지 제대로 된 성공을 맛보지 못했을 것이다. 어쩌면 이미 패배라는 쓴 잔을 마시고 삶의 한쪽 귀퉁이에서 고꾸라져 있을지도 모른다. '조금만 더 노력해봐'라는 조언에 차가운 조소를 보내는 사람은 결코 10미터의 힘을 알지 못한다.

나는 내 땀에 대해 아까움이 없다. 오히려 한 방울이라도 더 흘릴 기회가 주어진다면 기꺼이 흘리고 싶다. 땀을 덜 흘리기 위해 뒤로 물러서거나 요령을 피우는 것은 내 스타일이 아니다. 기회가 주어졌을 때 무조건 꽉 움켜쥐고, 남들보다 더 힘껏 내달리는 것이 내 스타일이다.

내가 감자탕 장사를 시작했던 17년 전엔 지금처럼 전문성을 갖춘 프랜차이즈 외식 기업이 많지 않았다. 내가 선택했던 브랜드 역시 창업자를 위한 이렇다 할 교육 체계가 없었다. 가게를 개업하기 며칠 전에 본사 직영점에 들러 반나절 주방 교육을 받는 것이 전부였다. 물론 필요에 따라 교육을 더 받아도 됐지만 대부분은 반나절이면 충분하다며 다시 오지 않았다.

"반나절? 우리의 모든 것을 다 걸고 시작하는 이 일이 겨우 반나절의 교육으로 가능하다고?"

"말도 안 되죠. 저렇게 장사가 잘되는 집의 비법을 어떻게 반나절만에 다 배워요?"

'반나절'이라는 말도 안 되는 교육 시간에 의구심을 가진 나와 아내는 최소 일주일은 교육을 받아보자며 나름의 기준을 정했다.

"다들 더운데 아이스크림 하나씩 드시고 하세요."

"아니, 이 양반들 또 왔네. 별로 배울 것도 없는데 뭣하러 계속 와요?"

우리와 함께 교육을 받던 가맹점이 두 팀 더 있었는데, 그중 한 팀은 딱 반나절, 그리고 다른 팀은 이틀 교육을 받고는 나오지 않았다. 그런데 아내와 나는 며칠째 계속 나와서 이것저것을 살피고 물으니 직원들이 귀찮아하기 시작했다. 그도 그럴 것이 별도의 교육장 없이 실제 영업을 하는 직영점 주방에서 교육이 이뤄졌으니 일하는 데 방해가 됐을 것이다. 그래도 어쩌겠는가? 우린 그들에게서 배워야 할 것들이 많았기에 꿋꿋하게 주방을 지켰다. 대신 갈 때마다 빵, 아이스크림 등 간식거리를 잔뜩 사들고 갔다.

"손님이 한꺼번에 몰리고 바쁠 때는 이걸 이렇게 하는 게 좋아요."

"아하!"

하루도 빠짐없이 조공한 간식의 힘 때문인지, 아니면 우리의 정성에 감동한 것이지는 알 수 없으나 마침내 주방 고수들이 그들만의 노하우를 털어놓기 시작했다. 우리는 연신 고개를 끄덕이며 그들이 가르쳐준 비법들을 하나도 빠짐없이 메모하고 머릿속에 새겨 넣었다.

'조금 더'의 힘은 거기서 끝나지 않았다. 5일 째 되던 날부터 이전에는 볼 수 없었던 새로운 광경들을 보게 됐다. 소위 말하는 불금과 주말을 맞게 되었는데, 평일과는 비교가 안 될 정도로 가게 전체가 바쁘게 돌아갔다. 이거다! 아내와 나는 무릎을 쳤다. 우리 가게도 분명 저렇게 손님들이 몰려들 텐데, 그때를 대비해 미리 실전을 체험해둘 필요가 있었다.

평소에도 손님이 많았지만 실제 눈으로 지켜본 주말의 광경은 상상 그 이상이었다. 직원들의 손놀림이 빨라질수록 우리의 눈과 귀도 쉴 새 없이 움직였다. 잘한 점은 배워서 그대로 따라야 했고, 부족한 점은 반드시 개선하고 채워 넣어야 했다. 온 정신을 집중한 탓에 등에선 연신 땀이 흘러내렸지만 개의치 않았다. 땀방울만큼 굵직한 자신감이 나를 채워가고 있었으니 이젠 출발을 알리는 총성과 함께 힘껏 달릴 일만 남았다.

여기저기서 돈을 빌려 시작한 가게였던 만큼 한 푼이라도 아껴야 했다. 그러려면 최대한 나의 땀을 활용해야 했다. 인테리어 공사를 하는 내내 인건비를 아끼기 위해 먼지를 뒤집어쓰며 조수 역할을 했고, 짬이 나는 대로 동네 구석구석을 돌며 전단지를 돌렸다. 물론 꼭 돈을 아끼기 위해서만은 아니다. 내가 정성을 기울이고 노력하는 만큼 반드시 성과가 나오리란 기대와 확신이 있었기 때문이다.

아내와 나의 남다른 노력은 개업 이후에도 쭉 이어졌다. 24시간 영업을 하는지라 직원들은 주간반과 야간반으로 나눠 출근을 했지만 우리는 20시간 넘게 가게를 지켰다.

"여보, 이제부턴 내가 있을 테니 당신은 얼른 가서 눈좀 붙여요."

"응, 고마워. 부탁 좀 할게."

손님이 뜸한 새벽시간을 이용해 아내와 나는 번갈아가며 2~3시간 정도씩 잠을 잤다. 집에 오가는 시간도 아까워 그냥 차 안에서 웅크리고 쪽잠을 잤다. 1억 2천만 원에 달하는 빚을 모두 갚기까지 그렇게 4달을 악과 깡으로 버텼다.

사실 처음 두 달 간은 힘든 줄도 몰랐다. 27평 가게에 빈 자리가 없을 정도로 하루 종일 손님이 들고, 내가 끓인 감자탕을 맛있게 먹는 그들을 보니 감사하고 또 감사했다. 홀과 주방을 쉴 새 없이 오가며 그릇을 치우고 음식을 내어가고, 청소를 하고 계산을 하면서도 손님이 들어오고 나갈 때 인사 한 번 놓치는 일이 없었다.

빚을 모두 갚던 날, 4달 만에 처음으로 사우나에 갔는데 팔이 저릿하여 머리를 감지 못할 정도의 고통이 느껴졌다. 겨우겨우 목욕을 마치고 집으로 돌아온 나는 그대로 드러누워 이틀을 꼬박 잠만 잤다. 하루 종일 정신없이 일하고 3시간도 안 되는 수면 시간으로 4달을 버텨왔으니 그럴 만도 했다. 그래도 행복했다. 내가 땀 흘린 만큼, 더 애쓴 만큼 성과가 보이니 땀방울이 결코 아깝지 않았다.

나는 그때도 지금도 내가 이룬 성과들에 대해 그저 "운이 좋았을 뿐이다"라고 말하고 싶지 않다. 내가 흘린 땀방울을 기억하는데 어찌 그런 무책임한 말을 하겠는가? 그런 무책임한 말만을 믿고 하염없이 '운'만을 기다리는 아둔한 사람이 있을지도 모르니 분명하게 말해줘야 한다. "나는 누구보다도 더 열심히 노력했다!"라고 말이다. 내게 운을 보낸 것은 하늘일지 몰라도 그 운을 적극적으로 불러들이고 꽉 움켜쥐고 지킨 것은 분명 나의 정직한 땀방울이다.

"저 새끼가 결국 일낼 줄 알았다!"

돌이켜보면 성공에 대한 나의 열망은 남달랐다. 어렸을 땐 그저 죽지 않기 위해 미친 듯이 도망치고 꼭꼭 숨어 납작 엎드려 있었다. 큰형의 폭력에서 자유로워질 즈음 나는 돈이 만들어낸 새로운 힘에 저항하며 내 또래 부자 녀석들을 막무가내로 패줬다. 그리고 막연하게나마 성공을 꿈꿨다.

단돈 11,800원을 가지고 작은형의 집에서 쫓겨났을 때 나는 비로소 살아야겠다, 성공해야겠다는 강한 열망을 품었다. 10년 안에 100억 원을 버는 것을 목표로 했고, 목숨까지 내걸며 달린 덕분에 정말 그것을 이뤄냈다. 30대 초반의 젊은 나이에 나는 100억 부자가 된 것이다. 운이 좋니, 기적이니 하는 말들도 있었다. 하지만 나를 잘 아는 친구들은 "저 새끼가 결국 일낼 줄 알았다!"라며 응원을 아끼지 않았다.

30대의 젊은 나이에 100억 원을 가진 자산가가 됐다면 이미 성공한 삶이라 생각할 수도 있다. 가진 돈만 잘 관리하면 평생을 두 다리 쭉 뻗고 편하게 살 수 있으니 말이다. 하지만 나는 결코 멈추지 않았다. 100억 원은 하나의 큰 목표를 이룬 것일 뿐이지 내 삶의 성공을 이룬 것은 아니다. 돈은 꿈을 이루기 위한 수단일 뿐 결코 그것이 꿈이 될 순 없다. 꿈은 내 가슴을 미친 듯 뛰게 하는 것이며, 그것을 이룬 내 모습을 상상할 때 하늘을 나는 듯 행복해야 한다. 나는 그것이 무엇인지 찾고 그것을 위해 제대로 달려보고 싶어졌다.

"조금 쉬었다 가면 안 돼? 너 그렇게 열심히 해서 뭐하게? 그 꿈은 너랑 안 맞아! 그게 이루어질 것 같아?"

진짜가 아닌 것은 가볍다. 막연히 뭔가가 되고 싶고 가지고 싶다는 욕망은 그것을 향한 걸음도 가볍다. 그래서 가다가 힘들면 쉬어가고, 안 되면 말겠다는 생각으로 가게 된다. 그러니 그것을 이룰 가능성도 그만큼 줄어든다.

"장사를 하고 싶은데 어떻게 하면 성공할 수 있을까요?"

"유서를 쓰고 시작하세요. 목숨을 내걸고 하면 반드시 성공합니다."

"네? 장사를 해서 성공하려면 목숨을 내걸라고요!"

목숨을 내걸어야 한다는 말이 어이없고 황당하게 들린다면 장사를 해서 성공하고 싶다는 것은 그저 막연한 바람일 뿐 결코 간절한 꿈이 아니다. 꿈은 세상에서 가장 소중하고 귀한, 하나뿐인 목숨과 맞바꿀 수 있을 만큼 무겁고 간절한 것이어야 한다.

꿈을 이루기 위해선 애초부터 어떠한 혼란과 유혹에도 흔들리지 않을, 목숨과 바꿀 수 있는 단단한 꿈을 품어야 한다. 그리고 그런 단단한 꿈을 찾기 위해선 스스로에게 끊임없이 물어야 한다. "너 정말 그것을 하고 싶니? 그게 아니면 죽을 것 같니? 그것을 위해 네 목숨을 내어 놓을 수 있니?" 끊임없이 묻고 늘어지는 수많은 물음에, 그럼에도 "그러하다!"는 간절하고 분명한 답을 얻으면 그 꿈을 품으면 된다. 그리고 그 꿈을 이루기 위해 아낌없이 목숨을 내어 놓으면 된다. 그러면 그 꿈은 이루어진다. 세상에서 가장 귀한 내 목숨과 맞바꿀 만큼의 소중한 꿈인데 죽지 않으려면 결국 이룰 수밖에 없지 않은가.

10년 안에 100억 원을 가진 자산가가 되겠다던 목표를 이룬 나는 다시, 가맹점주들의 성공을 돕는 건강하고 올바른 프랜차이즈 사업을 하겠다는 꿈을 품었다. 그리고 짧지 않은 여정에서 직진과 우회를 거듭하며 그 꿈을 이뤄냈고, 더욱 완성된 모습을 갖추기 위해 꾸준히 노력하고 있다. 또한 더 많은 사람들이 자신의 가슴 깊숙이 숨어 있던 간절한 꿈을 찾고, 그것을 이룰 수 있도록 돕고 있다.

17년이란 세월이 흐르는 사이 27평의 소박했던 점포는 '남다른감자탕'을 대표 브랜드로 한, 100여 개의 가맹점을 돕고 이끄는 건실한 프랜차이즈 기업으로 성장했다. 개설 속도나 가맹점 수에 연연하지 않고 정직하고 건강한 프랜차이즈 기업을 이끌겠다던 신념을 지켜온 덕분에 '남다른감자탕'은 국내는 물론 중국, 미국 등의 외국에서도 가맹 문의가 이어진다.

어디 그뿐인가. 2016년 5월에는 커피 브랜드인 '스윗포레스트 (SWEET FOREST)'를, 7월에는 홀로 식사를 하는 혼밥 고객을 위한 '남다른감자탕S'를 새롭게 론칭했다. 그리고 지금, 생존을 넘어 공존을 고민하며 창업자들의 꿈의 실현을 돕는 '성공 창업 학교'를 준비하고 있다.

단순히 돈을 많이 벌고 기업의 규모를 키우는 것을 목표로 했더라면 지난 17년 동안 그렇게 치열하게 달려오지 못했을 것이다. 그것이 내 가슴을 뛰게 하고, 목숨을 내걸고라도 반드시 이루고 싶은 것이기에 힘든 줄도 모르고 달릴 수 있었다.

뭔가 하고 싶고 이루고 싶은 것이 있으면 목숨을 걸고라도 해내야 하고, 지켜야 할 소중한 것이 있다면 이 역시 끝까지 지켜내야 한다. 그것을 해냈을 때 진정 이 세상에 머물렀던 시간들이 의미가 있고, 행복할 수 있을 테니 말이다.

2부

치열하게 묻고
깐깐하게 따져라

◆

오빠 장사스타일?

창업, 방향부터 정하고 출발하자

링에 오르기 전, 싸움기술부터 익혀라

때로는 포기도 답이다

초심(初心)이 곧 말심(末心)

오빠
장사스타일?

많은 사람들이 삶의 막다른 골목에서 탈출구처럼 장사를 선택한다. 물론 나도 그랬다. 마지막이라는 심정이니 그 간절함이 오죽할까? 하지만 마음이 간절하다고 해서 모두가 장사에 성공하는 것은 아니다. 더욱이 간절한 마음조차 없이 그저 '장사나 해볼까', '안 되면 장사나 하지 뭐', '장사 말곤 딱히 할 게 없어'라며 덜컥 장사에 뛰어든다면 그 끝은 불을 보듯 빤하다.

장사를 해본 사람들은 안다. 장사는 누구나 할 수 있지만 아무나 성공할 순 없다는 것을…, 그럼에도 오늘 하루에도 수없이 많은 사람들이 자신만의 점포를 차렸다 접었다 하며 장사를 고민한다.

언젠가부터 "회사는 전쟁터이지만 밖은 지옥이다"라는 말이 유행

한다. 생존경쟁에서 밀려났든 스스로 탈출했든 회사를 벗어나는 순간 지옥이 시작된다는 것이다. 회사 밖으로 나온 사람들의 대부분이 장사나 개인 사업 등 자영업자의 길을 걷게 된다. 하지만 자영업자의 생존율이 17.4%에 불과하다는 통계자료만으로도 그 길이 얼마나 험난하고 척박한 여정인지를 잘 알 수 있다.

국세청 자료에 의하면, 지난 2005년에서 2014년까지 10년 동안 새롭게 창업한 자영업자는 967만 5760명이었고, 폐업을 한 사람은 799만 309명이었다. 앞서 말한 통계처럼 10명 중 8명이 폐업을 하는 것이다. 장사가 잘돼서 돈은 벌만큼 벌었으니 이젠 좀 쉬어보자며 폐업을 하는 것이면 얼마나 좋으랴. 하지만 안타깝게도 대부분의 폐업자들은 장사가 잘 안 되서, 더 이상은 승산이 없다는 판단으로 눈물을 머금고 두 손을 든다.

더 안타까운 것은 자영업자의 80% 정도가 40대 이상이라는 사실이다. 20대, 30대 때는 실패도 자산이 될 수 있다. 실패의 경험을 바탕으로 방법을 달리하고 노력을 더 기울여 얼마든지 다시 일어설 수 있다. 시간도 기회도 아직은 그들의 편이기 때문이다. 하지만 40대 이후의 사람들은 전부를 내걸고 달리기 때문에 한번 넘어지면 쉽게 일어서기 힘들다. 그래서 그 시작이 신중해야 한다.

간절히 바라는 꿈을 찾고, 그것을 이루기 위해 목숨까지 내걸었다면 이제부턴 살길을 찾아야 한다. 하나뿐인 목숨을 내건 만큼 죽지 않기 위해선 그것을 지킬 방법을 반드시 찾아야 한다.

사나운 개가 점포를 지키는가?

묻지도 따지지도 않고 시작한 장사는 10리도 못 가 망하기 십상이다. 부실한 토양은 제아무리 좋은 씨앗을 심어도 열매는커녕 싹조차 피우기 어렵다. 그러니 창업에 앞서 내 마음 밭부터 꼼꼼히 진단하고 굳건히 다져야 한다. 남다른 창업과 남다른 성공을 이루기 위해선 남다른 마인드가 필수이다.

장사는 내가 장사를 잘할 수 있는 사람인지, 내가 장사와 잘 맞는 사람인지를 진단해보는 것부터 시작해야 한다. 장사스타일이 아닌데 덜컥 점포를 차렸다가 낭패를 보는 사람들을 수도 없이 봤다. 장사가 나와 맞지 않는 것을 깨달았을 때는 이미 돈도 시간도 훌쩍 멀어진 뒤다. 그러니 애초에 내가 장사와 잘 맞는지 냉철하게 평가부터 해봐야 한다.

언젠가 아내와 동네를 산책하다 새로 생긴 빵집을 발견해 걸음을 멈췄다. 아이들이 좋아하는 빵을 좀 사갈까 해서다.

"여기 말고 다른 빵집에서 사요."

"왜? 이 집 빵이 맛이 없어?"

"그런 건 아닌데, 주인이 너무 무뚝뚝해요."

아내는 새로 생긴 빵집이라 두어 번 그 가게에 들렀다고 했다. 그런데 무슨 화난 일이 있는 것처럼 주인의 표정이 무뚝뚝하더란다. 빵을 사서 나오면서도 기분이 썩 좋지 않았다고 한다. 아니나 다를까. 이웃들의 생각도 아내와 크게 다르지 않아서 그 빵집에 가기를 꺼린다는 것이다.

"사나운 개가 가게를 지키는 꼴이군."

구맹주산(狗猛酒酸). 제아무리 맛있는 술을 판다고 해도 술집 앞을 지키는 개가 사나우면 손님들이 가기를 꺼린다는 의미의 말이다. 점포 앞의 개가 사나워도 손님들이 발길을 끊는데 심지어 주인장의 표정이 무뚝뚝하고 매섭다면 누가 그 집에 가고 싶겠는가.

장사를 하고 싶다면 먼저 자신의 얼굴표정부터 살펴야 한다. 나는 가맹점 문의가 들어오면 반드시 그 분과의 개별 면담을 하는데, 잘 웃지 않는 사람은 안타깝지만 장사와 맞지 않으니 다른 일을 알아보라고 권한다.

이들은 대개 첫인사를 나눌 때부터 면담을 마칠 때까지 단 한 번의 미소도 없이 무표정하거나 인상을 쓰고 있다. 심지어 우스운 이야기를 건네도 얼굴에 미소 한 번 띠는 적이 없다. 우리 회사가 별로 마음에 와 닿지 않아 그러는 건가 했는데, '남다른감자탕' 가맹점은 꼭 하고 싶단다. 이런 인상의 사람이 장사를 하면 입으로는 "반갑습니다, 고객님."이라고 말하지만 얼굴로는 "왜 왔니? 귀찮게!"라는 메시지를 뿜어낸다.

얼굴 표정은 말 못지않은 아주 강력한 힘을 가진 언어이다. 그래서 고객은 주인장의 표정을 보며 그의 마음을 짐작한다. 내 마음은 그렇지 않다는 때늦은 변명은 그다지 힘이 없다.

"나는 올해 초까지 공장을 크게 운영했습니다. 이젠 나이도 있으니 좀 편하게 돈을 벌어볼까 합니다."

"장사는 편하게 돈을 버는 일이 아닙니다. 하나부터 열까지 마음과 정성을 담지 않으면 성공하기 힘듭니다."

"내가 제조업만 20년 넘게 한 사람입니다. 직원도 수십 명이나 거느려봤어요. 그러니 장사 정도야 식은 죽 먹기보다 쉽죠."

제조업을 하다 장사를 한번 해보고 싶다며 '남다른감자탕' 문을 두드린 분이 있었다. 창업자금도 넉넉한 데다 A급 상권에 자신의 점포까지 있던 분이라 조건상으론 훌륭했다. 나는 몇 시간의 상담 끝에 결국 "우리 브랜드를 내어드릴 수 없다."라고 말했다. 이유는 단순했다. 장사를 너무 쉽게 생각하는 것도 문제였지만, 무엇보다 상담이 이루어지는 그 긴 시간 동안 그분은 단 한 차례도 웃질 않았다. 게다가 턱까지 반쯤 추어올린 채 사장으로서의 권위를 꼿꼿이 지키고 있었다. 중소기업에서 사장을 하신 분들에게서 종종 볼 수 있는 모습이다.

장사는 단순히 제품만을 파는 업이 아니다. 제품과 돈의 교환이 이루어지기까지 사람과 사람이 만나 교감하고 정성을 나누는 일이다. 그리고 그것에 대한 감사함을 알아가는 일이다. 이런 진심은 그 사람의 말이나 행동, 그리고 무엇보다 표정에서 그대로 드러난다.

"아니 왜 내게 가맹점을 내줄 수 없다는 겁니까? 내가 뭐가 부족합니까!"

아니나 다를까. 그분은 예상대로 버럭 화를 냈다.

"장사의 기본은 웃는 얼굴입니다. 그런데 사장님껜 그것이 없습니다. 아무래도 제조업을 오래하셔서 근엄함이 몸에 배신 듯합니다."

나는 최대한 기분이 상하지 않도록 좋게 설명을 드렸다.

"그럼 내가 직접 운영하지 않고 다른 사람을 시키면 되지 않겠소?"

며칠 후 그분은 점포를 맡아서 운영해 줄 조카를 데려왔다. 그런데 그 조카도 각진 어깨와 꼿꼿한 턱선, 무뚝뚝한 얼굴을 한 사람이었다. 한 시간의 상담 끝에 나는 결국 죄송하다는 말과 함께 거절 의사를 밝혔다.

"죄송합니다. 사장님께도 저희 가맹점을 내어드릴 수가 없습니다."

"나 참, 어이가 없어서! 여기 아니면 감자탕 가맹점 할 데가 없는 줄 알아!"

아니나 다를까. 짐작대로 두 사람은 고래고래 소리를 지르며 거친 욕설까지 하고 떠났다. 이후 그분은 자신의 점포에 타 브랜드의 감자탕 점포를 열었고, 결국 1년도 안 돼 문을 닫았다. 당연한 결과였다. 생각해보라. 고객이 문을 열고 들어왔는데 점포의 사장이란 사람이 허리 꼿꼿이 세우고 턱을 추어올린 채 무표정한 얼굴로 맞는다면 누가 그 점포에 가고 싶겠는가. 툭하면 험악한 인상으로 거친 욕설을 내뱉는데 직원들이라고 견뎠겠는가. 입은 거짓을 말할 수 있어도 얼굴은 거짓을 말할 수 없다. 그러니 장사에 앞서 자신의 표정부터 살피고 가꾸어야 한다.

나 자신부터 알라

웃는 것이 힘든 사람 외에도 장사에 두려움이 많은 사람 역시 장사 스타일은 아니다. 무턱대고 덤비는 것도 위험하지만 지나치게 신중해서, 이건 이래서 안 되고 저건 저래서 안 된다며, 안 될 이유만 찾는 사람들이 있다. 이들의 더듬이가 안 될 이유만 찾고 있는 것은 장사가 두렵기 때문이다.

"기껏 차려놨는데 손님이 안 오면 어쩌죠? 장사가 잘 안돼서 돈을 다 날리면 어떡해요?"

두려움은 자신감의 부족에서 나온다. 자신감이 부족하다는 것은 열심히 할 마음의 준비가 아직 안 돼 있다는 의미이다. 사막에 가서 우산을 파는 것은 화려한 말솜씨나 기발한 아이디어가 전부가 아니다. 그것을 뛰어넘는, 할 수 있다는 자신감이 무엇보다 있어야 한다.

한편, 게으른 사람도 장사를 해서는 안 된다. 장사가 잘 되든 안 되든 무조건 부지런해야 한다. 점포 안팎의 청결함 유지와 정리정돈은 장사의 기본이다. 여기저기 쓰레기가 방치되고 바닥에 먼지가 굴러 다니는 점포에서 판매하는 제품이 멀쩡할 리 없다. 내가 고객이라면 그런 점포에서 내어주는 음식은 절대 먹지 않을 것이다.

"저것 좀 볼 수 있을까요?"

"아, 네…."

"죄송한데 저것도 좀 볼 수 있나요?"

"살 거예요?"

게으른 사람은 고객응대를 할 때도 티가 난다. 고객은 이것저것 살펴보며 제품을 선택하고 싶어 한다. 그래서 때론 진열장 맨 위의 제품을 보여 달라고도 하고, 제일 아래의 제품을 보여 달라고도 한다. 이런 고객의 요구에 게으른 사람들은 인상부터 구겨진다. 팔을 쭉 뻗었다가 허리를 굽혔다가, 제품을 올렸다가 내렸다가 하는 게 귀찮고 싫은 것이다. 그래서 자신의 몸을 움직이기 전에 최종적으로 확인한다. "살 거예요?" 안 살 거면 귀찮게 하지 말고 그냥 나가달라는 의미이다.

음식점의 경우는 특히 더 부지런해야 한다. 음식점을 찾는 고객들의 대부분이 배가 고픈 상태이다. 그러니 느릿느릿한 걸음으로 움직인다거나 여유로운 응대는 불만을 사기 십상이다.

"우물에 가서 물을 떠오나? 물 달라고 한 게 언젠데…."

손님이 목이 말라 물을 좀 더 달라고 해도 한참 지난 뒤에 가져다준다면 목마름은 해결될지라도 불만은 더 커져버린다. 그뿐만 아니다. 식사를 마친 빈 테이블을 좀 이따 치울 요량으로 그냥 방치한다면 다른 손님들에게 불쾌감을 줄뿐더러 새로운 손님을 맞을 기회조차 잃게 된다. 모든 일은 눈에 보이는 즉시, 귀에 들리는 즉시 처리해야 한다. 그러려면 손발이 부지런해야 한다.

이 밖에도 품위와 권위를 지키며 사장놀이만 하려는 사람도 장사와는 잘 맞지 않는다. 직원들이 주인의식을 갖고 일을 열심히 돕는다고 해도 점포의 주인은 엄연히 사장 본인이다. 장사는 전쟁터나 다름이 없고, 수장이 전쟁에서 늠름히 앞장서며 '나를 따르라'하는 것과

'나가 싸워라'며 병사의 등을 떠미는 것은 엄연히 다르다. 두 팔 걷어붙이고 발바닥에 땀이 나도록 뛰어도 성공을 보장하기 힘든 상황에서 그저 손가락 하나로 모든 것을 지시만 하려 한다면 직원들 역시 머지않아 마음이 떠나게 된다.

한편, 계산이 너무 빨라 당장의 이해타산부터 따지는 사람도 장사를 해선 안 된다. 이런 사람은 눈앞에선 하나를 얻고 뒤에선 열 개를 잃는다. 이익을 한 푼이라도 더 남겨보려 제품의 품질을 떨어뜨리고 저울을 눈속임하기도 한다. 게다가 살짝 금이 간 그릇 정도는 애교라며 고객의 밥상에 내놓아 불쾌감을 주기도 한다. 또한 이들은 직원은 물론 고객의 실수에도 절대 관대하지 않기에 어떻게든 돈으로 배상을 받으려 한다. 이러니 직원이든 고객이든 남아 있을 리 없다.

이 밖에도 약속을 함부로 어기는 사람, 남에게 굽힐 줄 모르는 꼿꼿한 사람 등 장사와 맞지 않는 사람들이 많다. 굳이 일일이 말해주지 않아도 내가 고객의 입장이 되어 생각해보면 잘 알 수 있다. 어떤 점포에 갔을 때 불쾌했는지, 어떤 사장과 직원을 만났을 때 한심하고 답답했는지를 기억한다면 그 모습과 자신을 찬찬히 비교해보면 된다. 그 결과, 장사스타일이 아니라는 판단이 서면 뼛속까지 몽땅 뜯어고쳐야 한다. 그럴 자신이 없다면 미련 없이 돌아서야 한다. 그게 결국엔 남는 장사다.

20년 솥뚜껑 운전보다 1년 알바 경험이 낫다

퇴직이 가까워지면 슬슬 불안감이 밀려온다. 수명이 80세를 넘어 100세에 가까워진 요즘, 눈 감는 그날까지 잘 먹고 잘 살기 위해선 돈이 필수다. 일찍부터 차분히 창업준비를 한 것이 아니라면 갈수록 마음은 더욱 조급해진다. 더욱이 흰머리 희끗희끗한 나이라면 창업할 수 있는 아이템이 제한적일 수밖에 없다. 그래서 많은 사람들이 선택하는 것 중 하나가 음식장사이다.

"당신 요리 솜씨가 좋으니 음식장사를 한번 해보는 건 어떨까?"

"20년 넘게 솥뚜껑 운전을 했으니 식당을 하면 망하진 않겠죠?"

실제로 예비 창업자들 중 상당수가 외식업에 관심을 두고 있고, 창업까지 이어진다. 오랜 시간 가족들의 식사를 챙기며 음식을 조리해왔고, 열심히만 하면 망하지는 않을 것이란 막연한 기대감이 있기 때문이다. 게다가 자타가 공인하는 손맛까지 있으면 왠지 대박이 날 것 같은 희망도 보인다.

불과 10년 전만 해도 가능했던 이야기다. 하지만 지금은 손맛 하나만으로 선택받고 대박이 나기엔 경쟁이 치열하다 못해 살벌하기까지 하다. 10여 년 전과 비교해 점포의 수가 배로 늘었고, 선택지가 다양하고 많아진 만큼 고객은 훨씬 더 똑똑하고 섬세해졌다. 맛과 서비스, 재료, 인테리어 등을 꼼꼼히 따지는 것은 물론이고, SNS를 통해 실제 경험자들의 평가까지 세밀하게 분석한다.

"프랜차이즈 가맹점은 개인 점포보다 마진율도 낮고 본사 간섭도 너무 심하지 않아?"

"차라리 시간을 더 두고 맛을 연구해서 개인 점포를 열지 그래?"

17년 전 내가 감자탕 장사를 준비할 때 지인들의 염려가 컸다. 음식장사의 경험이 없다는 것 외에도 기껏 장사를 해서 프랜차이즈 회사의 배만 불려주는 것이 아니냐는 걱정을 했다. 전혀 틀린 말은 아니었다. 당시는 프랜차이즈 외식기업이 그다지 많지 않아 부실기업도 많은데다 가맹점과의 공정한 거래에 관한 틀도 부족할 때였다.

"난 지금 그들의 전문성과 노하우가 필요해. 나 같은 개인이 수년을 경험하고 연구해도 그들의 실력을 따라잡긴 힘들 거야. 마진율이 좀 떨어지더라도 그만큼 많이 팔면 상쇄될 테니 결국엔 이득인 셈이지."

당시 나는 주위의 염려에도 불구하고 프랜차이즈 가맹점을 선택했다. 이런저런 장단점을 따지기 이전에 나는 배워야 할 것이 너무 많은 '초보'였기 때문이다. 이후로 17년 동안 감자탕이라는 한 우물만 팠으니 그야말로 나는 감자탕 장사엔 도를 튼 고수이다. 하지만 지금 다시 창업을 하라고 해도 나는 개인 창업이 아닌 프랜차이즈를 선택할 것이다. 물론 늘 그랬듯이 온 힘을 다할 것이기에 개인창업도 자신이 있지만 프랜차이즈라는 좋은 시스템을 두고 굳이 힘든 길을 갈 필요가 있을까?

감자탕만 맛있으면 되는 것이 아니냐고 하겠지만, 장사는 제품이 훌륭하다고 해서 성공할 수 있는 단순한 것이 아니다. 장사는 제품도 훌륭해야 하지만 점포의 위치도 잘 봐야 하고, 물류, 고객 응대, 인테리어, 홍보 등 여러 가지가 맞물려 그 결과를 만들어내는 종합 엔터테인먼트 사업이다. 혼자서 이 모든 것을 프로처럼 잘 해낼 수 있는 사람은 드물다. 그래서 이런 다양한 분야의 전문가들이 모여 가맹점의 창업과 성공을 돕는 프랜차이즈 기업이 필요한 것이다.

물론 개인 창업임에도 탁월한 감각과 서비스로 대박을 치는 가게도 있다. 그런데 이들을 세심히 들여다보면 분명 이전의 다양한 경험들이 축적된, 준비된 사람들이다. 계단을 올라오듯 차곡차곡 경험을 쌓고 준비한 덕분에 장사에 대한 감각과 태도를 갖출 수 있게 된 것이다.

장사는 기본적인 태도를 잘 갖추는 것 외에도 해당 업종에서의 충분한 경험이 필요한 분야이다. 본인이 직접 장사를 경험하며 성공의 노하우를 축적해두었다면 더없이 좋다. 만약 직접적인 장사 경험이 없다면 부모님이 장사를 오랫동안 하셔서 가까이에서 지켜보았던 것도 도움이 된다. 그리고 해당 업종에서 최소 1년 이상의 아르바이트 경험이 있는 것, 프랜차이즈 회사에서의 근무 경험도 개인 창업에 큰 도움이 된다. 하지만 이러한 경험 없이 그저 음식을 잘 만들어서, 커피를 좋아해서, 옷을 보는 감각이 있어서 개인 창업을 한다면 실패의 위험은 커질 수밖에 없다.

한편, 장사 경험이 있다고 하더라도 생의 절반 가까이를 건너온 40대 이상의 분이라면 개인 창업은 신중하게 고려해야 한다. 40대 이후의 도전은 거의 모든 것을 걸고 하기에 한 번의 실패에도 크게 휘청할 수 있다. 특히 이분들은 20~30대의 젊은 청년 창업가들과는 달리 본인의 어깨에 가족을 함께 지고 가는 사람들이다. 그렇기 때문에 40대 이후의 창업은 한 가족의 목숨이 달린 중대한 일이라고 해도 과언이 아니다.

창업,
방향부터 정하고 출발하자

다행히 내가 장사와 잘 맞는다는 판단이 서면 그 다음에는 무엇을 팔 것인지, 즉 어떤 장사를 할 것인지 신중히 선정해야 한다. 모든 시작의 기본은 '신중한 판단'이다. 자신의 판단에 단 1%의 불만족도 없이, 100% 이상 만족하는 상태에서 시작해야 한다. 기껏 산을 다 오르고 나서 이 산이 아닌 것 같다며 다시 내려가 새로운 산을 오르기란 쉬운 일이 아니다. 산을 오르내리는 것도 이러한데 점포를 차렸다 접고 다시 시작하는 것은 얼마나 그 손실이 크겠는가. 그러니 시작 전에 신중에 신중을 기해야 한다.

아이템을 선정하는 기준에는 잘하는 것, 좋아하는 것, 돈이 될 만한 것 등 다양한 기준이 있다. 기왕이면 이 모든 것이 딱 맞아떨어지는 무언가를 만나면 좋겠지만 그렇지 않다면 좋아하는 것부터 시작하자. 좋아하면 잘하려 노력하기 마련이고, 그런 노력이 결국 고객을 부르고 성공을 부르기 때문이다. 게다가 좋아해서 시작한 일은 여간해선 포기하지 않는다. 당장의 결과물이 만족스럽지 않더라도 포기하기보다는 더 나은 방법을 찾아 시도하고 도전한다.

"요즘 생과일주스가 유행이던데 나도 그거나 할까?"

"너 배 아프다고 생과일주스 잘 안 먹잖아."

장사를 하려는 사람들이 저지르는 가장 큰 실수 중 하나가 유행을 좇는 것이다. 좋아하는 것, 잘하는 것에 대한 깊은 고민 없이 그저 사람들 입에 많이 오르내리는 핫한 아이템과 프랜차이즈 브랜드를 선택하는 것이다. 유행은 말 그대로 '흘러가는 것'이고, 그래서 결국엔 변하기 마련이다. 게다가 요즘은 그 주기 또한 짧아졌다. 그렇기 때문에 유행만 좇다간 결국 단물은커녕 쓴물조차 먹기 힘든 상황에 처하게 된다.

전혀 관심도 없던 분야인데, 현재 유행한다고 해서 그것을 선택한다면 시작부터 실패의 길로 들어서는 것이다. 시작이 반이라고, 자기 자신을 꼼꼼히 검증하고, 내가 하고 싶은 일을 선택하는 게 제일 중요하다.

창업을 해서 성공을 거두는 것이 울창한 '숲'을 만드는 일이라면 창업아이템은 그 숲에 심을 '나무'와도 같다. 나무를 키우고 싶은데 어떤 나무를 키우고 싶은지에 대한 명확한 기준 없이 그냥 이 나무, 저 나무 보이는 대로 가져다 심는다면 바라던 숲을 완성하기 힘들다.

좋은 아이템, 나쁜 아이템에 대한 절대적인 기준은 없다. 나에게 잘 맞는 것이 다른 이에겐 맞지 않을 수 있기에 정해진 답은 없다. 단지 앞서 말했듯이 내가 좋아하는 것, 잘할 수 있는 것 등을 고려해서 신중하게 선택해야 한다. 그리고 그 신중한 선택에는 반드시 진정성까지 함께 담아야 한다.

예를 들어보자. 패션에 관심이 많고 감각이 있다고 해서 모두 옷장사에 성공하는 것은 아니다. 눈앞의 이익을 위해 고객에게 어울리지도 않는 비싼 옷을 권하기보다는 체형과 이미지 등을 고려해 최선의 조언을 해줘야 한다. 그러면 고객은 반드시 다시 찾아준다. 분명 "그 옷 너무 잘 어울리네, 어디서 샀어?"라는 말을 들을 테니 말이다.

넘쳐나는 게 음식점인데 음식장사를 한다고? 맞는 말이긴 하다. 하지만 좋아하고 자신 있는 것이 음식이라면 시작해도 된다. 그대신 나의 이익보다는 고객의 만족감을 더 중요하게 생각하고, 다른 점포들과 차별화되는 남다름을 갖춘다면 승산은 충분히 있다. 무엇을 하느냐도 중요하지만 어떻게 하느냐가 훨씬 더 중요하다.

뜨끈한 한 그릇의 행복

내가 음식장사를 선택한 것은 내 관심과 재주가 음식에 있기도 했지만 무엇보다도 나의 진정성을 한껏 담을 수 있는 업종이라 판단했기 때문이다. 게다가 음식은 단순히 맛이나 포만감을 넘어 몸을 보하는 귀한 에너지원으로 쓰이는 것이다. 그러니 더 좋은 재료, 건강한 재료, 정직한 재료로 정성껏 조리한다면 충분히 승산이 있어 보였다.

배가 고파서 시작한 음식장사였지만 경험이 쌓여갈수록 음식에 대한 나의 철학도 더 굳건해졌다. 비록 돈을 주고 사 먹는 음식일지라도 그 안에는 한 끼 든든히 채우는 배부름만 담아서는 안 된다. 마음의 에너지를 끌어올려주는 정성과 사랑도 함께 담아야 한다. 그래서 단 한 그릇의 음식이라도 맛과 푸짐함은 기본으로 갖추되, 건강하고 신선한 재료로 정성껏 만들어야 한다. 그래야 몸은 물론이고 마음까지 보하는 진짜 음식이 된다.

"막둥아, 한입만 먹자. 네가 좋아하는 참기름도 듬뿍 넣었어. 그러니 제발 한입만 먹어보자."

고등학교 2학년 때였다. 아버지를 잃은 슬픔에 나는 끼니조차 거르고 방바닥만 지키고 있었다. 어머니는 참기름 냄새가 솔솔 나는 흰죽을 내 코앞으로 쑥 내미셨다. 그 향기에 이끌려 나도 모르게 입을 벌렸다.

"옳지, 잘 먹는다. 한입만 더 먹자."

그렇게 한 입 두 입 먹기 시작한 죽은 어느새 바닥을 드러냈다. 숟가락 들 힘조차 없을 정도로 온몸이 무너질 때 어머니가 끓여주신 죽 한 그릇은 보약보다 더 힘이 셌다. 자식을 염려하는 어머니의 정성과 사랑이 담겼기 때문이다.

"자기야, 배 많이 고팠지? 솜씨는 없지만 이것 좀 먹어봐요."

"자기도 일 하느라 바쁠 텐데 언제 이런 걸 만들었어?"

남대문시장에서 그릇 짐을 나르던 시절에는 일이 고된 탓에 늘 배가 고팠다. 그때 여자 친구가 정성껏 싸준 도시락을 시장 계단에 앉아 허겁지겁 먹곤 했는데, 뽀빠이가 시금치를 먹고 힘을 얻듯 일순간 에너지가 충전되는 느낌이었다. 20년이 지난 지금도 그때의 에너지가 느껴질 만큼 감사한 추억이 아닐 수 없다. 지금은 내 아내가 된 그때의 여자친구는 여전히 나와 가족들을 위해 반찬 하나에도 사랑과 정성을 담고 있다. 그리고 나는 그 기운을 받아 고객들에게 뜨끈한 한 그릇의 행복을 대접한다.

히포크라테스는 음식으로 치유할 수 없는 병은 약으로도 치유하기 힘들다고 했다. 음식이 곧 우리 몸으로 들어오는 영양이자 기운이기 때문일 것이다. 더욱이 정성 가득한 음식은 잃어가던 용기를 되찾게 해주는 가장 힘찬 응원이고, 가장 진실한 사랑이다.

내가 처음 감자탕 장사를 결심했을 때 다들 만류했다. 하필이면 손질도 까다롭고 오랜 시간 끓여내야 하는 감자탕 장사를 하느냐는 것이다. 하지만 오히려 내겐 그것이 큰 매력으로 다가왔다. 오랜 시간 정성을 들이고 진국을 우려내어 그 깊은 맛으로 감동을 주는 감자탕이야말로 내 모든 것을 걸만한 최고의 음식이었다.

진한 사골 육수에 고기와 채소가 푸짐하게 담긴 뜨끈한 감자탕 한 뚝배기면 밥 두 공기 정도는 앉은 자리에서 뚝딱이다. 하루의 피곤을 풀며 술 한 잔 기울이기에도 그만한 음식이 없다. 맛과 푸짐함, 영양도 더없이 매력적이지만 감자탕을 끓여내는 입장에선 그 안에 담긴 정성이 남다른 것을 알기에 더 애착이 가는 음식이다.

감자탕 한 그릇이 탄생되기 위해서는 불순물과 잡냄새 제거를 위한 세척 과정, 한약재를 넣어 고기를 삶고 육수를 우려내는 과정 등 기본 12시간 이상의 긴 시간이 소요된다. 그리고 그 과정에서 사람의 세심하고 정성스런 손길 또한 반드시 필요하다.

이처럼 오랜 시간 정성을 기울이며 만들어낸 음식이 몸에 좋지 않을 리가 없다. 비록 돈을 주고 사먹는 음식이지만 이 한 그릇이 나오기까지 많은 이들의 정성과 사랑이 담겼기에, 배부름도 챙기고 건강도 챙기고, 더불어 행복감까지 얻어갈 수 있다.

이것은 비단 감자탕만의 이야기는 아니다. 그것이 무엇이든, 내가 판매하는 제품과 서비스에 고객을 향한 정성과 사랑을 함께 담아야 한다. 무엇을 팔든 그 안에 마음을 함께 담지 않고선 결코 고객에게 행복감을 줄 수 없다. 고객의 발길을 이끄는 것은 단순한 배부름이 아닌 마음까지 든든히 채워지는 뜨끈한 행복감이다.

메인은 언제나 '진심'이다

나는 전혀 기대하지 않았던, 갑작스런 이벤트를 좋아한다. 상대가 나에게 그런 이벤트를 해주는 것도 좋아 하지만, 내가 상대에게 깜짝 이벤트를 해주는 것을 더욱 좋아한다. 이벤트가 주는 행복을 알기에 적극적으로 나누려는 것이다.

가까이에서 내 일을 돕는 직원 중에 타지에서 올라와 혼자 지내는 이가 있다. 아직 총각인 탓에 생일에도 아침을 굶거나 빵이나 즉석밥으로 때워야 한다. 밥심이 모든 에너지의 근원인데 아침, 특히 생일날의 아침을 굶는다는 것은 말이 안 된다. 나와 아내는 그 직원에게 생일 아침만큼은 꼭 집밥을 먹여보자며 정성껏 생일상을 차렸다. 그리고 이런저런 설명 없이 아침 일찍 집으로 불렀다. 모름지기 이벤트의 생명은 서프라이즈가 아니던가.

"아직 식사 전이죠? 아내와 내가 차린다고 차렸는데 입맛에 맞으려나 모르겠네요."

"네?"

갑작스런 호출에 허겁지겁 달려온 직원은 한상 가득 차려진 음식들을 보고 영문을 몰라 어리둥절해 했다.

"어서 와서 앉아요. 실장님 생일인데 무얼 해줄까 고민하다가 따뜻한 미역국에 집밥을 먹여주고 싶어서 준비했어요."

"아, 너무 감사합니다. 생각도 못했는데….."

푸짐한 음식들이 자신의 생일을 축하하기 위해 차려진 것임을 안 직원은 무척이나 행복해 했다. 그저 한 끼 식사에 불과하지만 우리 부부는 그 안에 뜨끈한 마음을 담으려 노력했다. 비록 고향을 떠나 타지에 홀로 있지만 그를 염려하고 위하는 마음은 늘 함께 한다는 것을 보여주고 싶었다.

나 역시 직원들로부터 이런 감사한 이벤트를 받은 적이 있다. ㈜보하라의 대표 브랜드인 '남다른감자탕'을 새롭게 리뉴얼하며 직원들과 밤낮없이 뛸 때였다. 충만한 의욕과는 무관하게 현실은 늘 적자였다. 가맹점 하나 없이 직영점 몇 개만 운영하면서 본사 직원을 20명이나 두던 때였다. 더 큰 도약을 위한 준비 기간이었기에 초기 적자는 예상했던 일이다. 그럼에도 곶감 빼먹듯이 직원들의 급여는 꼬박꼬박 나가고, 신규 가맹점은 늘지 않으니 내 속이 새까맣게 타들어가고 있었다.

당시 나는 아침 7시에 출근했다. 힘들수록 더 부지런히 뛰자는 마음이었다. 그러던 중 내 생일이 돌아왔다. 한 번도 내 생일을 잊지 않았던 아내가 평소 차려주던 아침밥도 건너뛰며 짧은 인사로 배웅했다. 가뜩이나 힘든 나날을 보내고 있는데 남편의 생일조차 기억 못하는 아내의 무심한 모습을 보니 서운함이 밀려왔다.

"어머니, 잘 주무셨어요?"

"그래, 나야 잘 잤지. 너도 편히 잘 잤니?"

늘 그렇듯이 출근길에 어머니께 아침 문안 전화를 드렸다. 그런데 어머니조차 내 생일을 잊으신 듯 일상적인 인사만 하신다. 때마침 비까지 내리니 서운함을 넘어 서러운 마음이 밀려왔다.

회사에 막 들어서려던 순간, 나는 너무 놀라 눈물이 나올 뻔 했다. 회사 입구에 있는 LED 전광판에 '이정열 대표님 생신을 축하드립니다!'라고 적혀 있는 게 아닌가! 순간, 아내와 어머니께 서운하고 서러웠던 마음이 눈 녹듯이 사라져버렸다. 이 모든 것이 나를 사랑하고 아끼는 그들이 한마음으로 준비한 깜짝 이벤트란 사실을 눈치챘기 때문이다.

"생신 축하합니다. 생신 축하합니다. 사랑하는 우리 대표님, 생신 축하합니다."

"아니, 이게 다 뭐야? 다들 언제 회사에 나온 거야?"

로비로 들어서니 맛있는 냄새와 함께 근사한 생일상이 차려져 있었다. 미역국을 비롯해 잡채와 불고기 등 내가 좋아하는 음식들이 한 가득이었다. 직원들은 나의 생일을 축하해주기 위해 어머니와 아내에게 양해를 구하고 직접 생일상을 준비한 것이다. 아침 7시에 그 많은 음식으로 생일상을 차리려면 깜깜한 새벽에 회사에 나와야 했을 것이다. 졸린 눈을 부비며 생일 축하 음식을 장만했을 그들이 너무나 고마웠다.

그날 먹었던 미역국은 그야말로 최고의 맛이었다. 미역국을 끓이며 나를 향한 응원과 신뢰, 사랑을 담았을 것을 아는데 어찌 맛있지 않을 수 있겠는가. 직원들과 함께 생일밥을 나눠먹는데, 든든하게 채워지는 속만큼이나 마음도 다시 열정으로 채워지는 듯했다. 포기해서는 안 되겠다, 이들의 꿈을 이뤄주기 위해서라도 내가 더 힘을 내야겠다는 생각이 들었다.

내가 수많은 아이템 중에 음식을 선택한 것은 그 안에 진심과 정성을 담을 수 있기 때문이다. 모름지기 음식은 밥 한 그릇에도 정성을 다해야 한다. 내 눈앞에 놓인 밥 한 그릇은 당장의 배고픔을 해결하기 위한 그저 그런 밥이어서는 안 된다. 그래서는 배는 부를지언정 힘은 나지 않는다.

내가 고객들에게 내놓는 뜨끈한 감자탕 역시 어디서나 볼 수 있는 흔한 감자탕이어선 안 된다. 그 안엔 내 가게를 찾아준 그들에 대한 감사함, 그리고 그들의 건강을 바라는 진심과 정성이 담겨 있어야 한다. 고객은 한 숟갈 뜨는 순간 바로 안다. 그 안에 무엇이 담겼는지를…. 그러니 무엇을 팔든 진심을 담지 않고서는 절대 고객에게 내놓아선 안 된다.

링에 오르기 전,
싸움기술부터 익혀라

서른 살에 왕십리에서 감자탕 장사를 시작했을 때 내 꿈은 장사꾼에 머물지 않았다. 유서까지 써놓고 죽을 각오로 시작한 장사인 만큼 꿈도 원대했다. 나는 내 브랜드를 만들어 가맹사업을 하는 프랜차이즈 사업가가 되고 싶었다. 물론 구체적인 계획은 없었다. 그냥 막연한 바람으로 감자탕 프랜차이즈 사업을 하고 싶단 생각만 있었다.

장사를 시작한 지 3년째 되던 해에 나는 내 꿈을 실현시킬 방안을 구체적으로 고민해보기 시작했다. 당시 나는 '10년 안에 100억 원을 가진 부자가 되겠다.'던 목표를 이미 이룬 상태였다. 장사를 시작한지 4달 만에 1억 2천만 원이란 큰 빚을 갚았을 만큼 감자탕 장사는 연일 대박이었다. 이후로는 차곡차곡 모은 돈으로 새로운 사업들을 늘려 갔고, 돈이 돈을 버는 구조가 만들어져 3년 만에 100억 원을 모으게 된 것이다.

바라던 목표를 이루었으니 나는 다시 더 큰 꿈을 품고 달려보기로 했다. 프랜차이즈 사업가가 되려던 꿈을 구체적으로 실현시켜보기로 한 것이다. 3년 동안 타 브랜드의 가맹점을 하며 올바르고 건강한 프랜차이즈 기업에 대한 열망이 컸던 만큼 나는 내 안의 대의를 펼치기 위한 준비에 들어갔다.

"장사나 사업이나 비슷하지 않나요?"

장사에서 사업으로, 사업에서 장사로의 전환을 꾀하는 분들의 흔한 오류 중 하나가 장사와 사업을 비슷하게 여긴다는 것이다. 나 역시 프랜차이즈 사업을 하겠다고 마음먹었을 때, 장사를 성공시킨 경험을 살려 무조건 열심히만 하면 될 것이라고 생각했다. 하지만 프랜차이즈 사업을 준비하는 동안 일이 조금 진척된다 싶으면 뭔가에 턱턱 걸려 멈추곤 했다. 판이 달라진 것을 알지 못하니 준비 또한 허술했고, 그러니 진행이 순탄하지 않은 것은 당연한 결과였다.

물론 한국을 대표하는 프랜차이즈 기업 중 처음엔 소소하게 장사로 시작했다가 크게 성공한 사례들도 많다. 특히 프랜차이즈 1세대 기업들은 대부분 이런 경우에 해당한다.

"멀리 부산에서 소문 듣고 찾아왔습니다. 직접 맛을 보니 '이거다!'라는 확신까지 드는군요. 우리한테도 사장님 점포를 내주시면 안 될까요?"

"네? 아직 그런 생각까지는 안 해봤습니다. 그럴 준비도 안 돼 있고요."

"준비가 뭐가 필요합니까? 그냥 지금 사장님이 하시던 그대로 저희한테 가르쳐주시고 재료를 공급해주시면서 유통 마진을 챙기시면 되죠."

장사가 연일 대박을 치며 문전성시를 이루니 여기저기서 가맹점을 내어달라며 사람들이 찾아왔고, 어느 시점에 자연스레 프랜차이즈 기업으로 전환한 것이다. 당시는 한국에서 프랜차이즈가 막 시작되던 단계였기에 시스템이나 전문성 등이 다소 떨어져도 아이템이나 맛이 좋아서 장사만 잘되면 큰 불만이 없었다. 하지만 내가 프랜차이즈 사업으로의 전환을 생각하던 때는 많은 것이 달라져 있었다. 프랜차이즈 기업들이 많이 생겨난 만큼 가맹점주들의 니즈 또한 분명해졌다. 탄탄한 시스템과 안정성, 전문성을 갖추는 것은 물론이고 본사와 가맹점은 비즈니스 파트너로서의 공정한 관계가 유지되기를 바랐다.

이런 시대적 변화를 적극 수용하고 가맹점의 성공을 돕는 올바르고 정직한 기업을 탄생시키기 위해서는 알아야 할 것들이 많았다. 그럼에도 마음이 앞선 나머지 제대로 된 훈련이나 준비 없이 열정만으로 덤비니 곳곳에서 문제들이 드러날 수밖에….

"이건 아닌 것 같아. 도대체 뭐가 문제지?"

일을 진행하면 할수록 내가 뭔가 중요한 것을 놓치고 있다는 느낌이 강하게 들었다. 사업, 특히 프랜차이즈 사업은 가맹점과 운명을 같이 하는 일이기에 돈이 있다고 해서 무조건 할 수 있는 일이 아니었다. 올바른 프랜차이즈 기업을 탄생시키고 가맹점과 함께 건강하게 성장하기 위해서는 반드시 지켜져야 할 그 무엇이 있을 것이다. 나는 그것이 무엇인지 알아내는 것이 우선임을 깨달았다.

판이 바뀌면 기술도 달라져야 한다

새벽까지 깊은 고민에 빠져 있던 나는 평소 비즈니스 멘토로 모셔왔던 L 사장님을 만나러 가야겠단 생각이 들었다. 상도를 지키는 그분의 굳건한 비즈니스 철학도 존경스러웠고, 밑바닥에서 시작해 기업을 이끄는 경영인이 되기까지의 풍부한 비즈니스 경험도 부러웠다. 그분과 이야기를 나누다보면 답을 찾을 수 있을 것 같았다.

새벽 4시가 넘은 것을 보고 서울에서 출발했는데, 그분이 계신 목포에 도착하니 아침 8시가 훌쩍 넘어 있었다. 출근 준비를 하고 있던 L 사장님은 연락도 없이 불쑥, 그것도 새벽을 뚫고 먼 길을 달려온 나를 보곤 깜짝 놀라셨다.

"장사와 사업은 완전히 달라요. 특히 매장 하나 운영하는 것과 여러 매장을 관리하는 프랜차이즈 사업은 완전 다르기 때문에 일단 제대로 배워야 해요. 게다가 남을 돕자고 기업을 하려는 마음가짐이라면 덜컥 사업을 시작하기보다는 우선은 배우는 것에 전력을 다해야 해요."

나를 위해 기꺼이 시간을 내어준 L 사장님은 기대했던 대로 지혜롭고 명쾌한 답을 주셨다. 그분은 "링 밖에서 지켜볼 때는 그게 그거 같아 보이지만 막상 링 안에 들어오면 완전히 다른 세상이다. 그래서 제대로 배우지 않고 링에 올랐다간 녹다운 당하기 십상이며, 프랜차이즈 기업의 경우 그 피해는 고스란히 가맹점에게로 간다."라고 했다. 구구절절 맞는 말인데다, 그분이 직접 사업을 하면서 얻은 경험이라 더욱 신뢰가 갔다.

장사와 사업은 다르다. 장사에서 성공했다고 해서 무턱대고 사업에 뛰어들다가는 망하기 일쑤다. 판이 바뀌면 싸움의 룰과 기술도 달라져야 한다. 충분히 익히고 덤벼도 성공을 보장할 수 없는 경쟁시대에 의욕만으로 이룰 수 있는 것은 없다. 더욱이 나는 나 혼자 잘 먹고 잘 살기 위해 사업을 하려는 것이 아니었다. 가맹점의 성공을 도우면서 나 역시 성장하고 성공하는 '공존'이라는 대의를 품지 않았는가. 이런 대의가 성과로 이어지기 위해선 충분한 준비 기간이 필요했다.

"그걸 어떻게 배우면 될까요? 내 본업을 내버려두고 프랜차이즈 회사에 취직할 수도 없고….'

"내 생각엔 지금 하고 있는 감자탕 브랜드의 지사를 3년 정도 운영해보는 것도 좋을 것 같아요."

L 사장님은 나의 좋은 뜻을 제대로 펼치려면 우선 그만한 실력을 키워야 하고, 본인이 그만한 실력이 있는지를 검증받아야 한다고 했다. L 사장님의 조언 덕분에 나는 그동안 내가 무엇을 놓쳐 왔는지를 분명히 알 수 있었다.

제대로 배우지 않고 덜컥 일을 벌이면 다 된 밥도 태우게 된다. 그 결과 나 혼자 밥을 굶으면 다행이지만 함께 밥을 나눠 먹기로 한 모든 이들이 굶게 된다면 그 마음의 무게를 어찌 감당하겠는가? 책임을 목숨만큼이나 중요한 가치로 여기는 나로서는 상상조차 하기 싫은 일이었다.

프랜차이즈 업종에서 지사는 '대리점'과 같은 역할을 한다. 단독 매장을 운영하면서 성공 모델이 됨과 동시에 그 지역의 가맹점을 개설시킬 권한을 갖게 된다. 본사 지원이 충실하지 않더라도 지사 차원에서 가맹점 교육이나 지원에 더 신경을 쓸 수 있다. 이러한 경험은 차후 프랜차이즈 사업을 할 때 큰 도움이 될 것이 분명했다.

바뀐 판에 맞는 룰과 기술을 배워 당당히 링에 오르기 위해 기꺼이 3년의 시간을 바치기로 했다. 서울로 돌아온 나는 한 치의 망설임도 없이 프랜차이즈 사업 준비를 위해 꾸려두었던 사무실을 철수했다. 그리고 당시 내가 하고 있던 감자탕 브랜드의 지사를 설립하기 위한 준비에 돌입했다.

"부산, 대구, 광주, 제주도 중 사장님 마음대로 고르십시오."

서울과 가까운 곳엔 이미 지사가 있었던 탓에 지방에서 골라야 했다. 게다가 선택의 폭도 넓지 않았다. 그래도 내 나름의 분석과 고민 끝에 나는 대구에 지사를 설립하기로 했다. 시내교통은 물론 시외와의 접근성도 좋은데다 당시 대구는 섬유공업 중심의 산업도시에서 점차 소비도시로 변화, 성장하고 있었기에 외식사업의 성공 가능성이 더욱 커지고 있었다.

남다른 노력이 남다른 촉을 완성시킨다

20대 중·후반에 부동산업계에서 일을 한 적이 있다. 그때 일을 하며 상권을 분석하는 힘을 기른 덕분인지 나는 장사가 될 자리와 안 될 자리를 제법 잘 구분해낸다. 흔히 말하는 '촉'이 발달한 것 같은데, 전문가들의 냉철한 판단을 뛰어넘는 경우도 꽤 많다. 전문가가 볼 때 분명 장사가 안 될 자리인데 나는 된다고 우기고, 결국은 내 판단이 맞았음이 밝혀지는 것이다.

왕십리에서 감자탕 점포 자리를 결정할 때도 그랬고, 대구지사에서 가맹점 자리들을 추천할 때도 그랬다. 또한 훗날 ㈜보하라를 창업하고 가맹점 자리들을 추천할 때도 내 촉은 적중했다. 개중에는 전문가들은 물론이고 내 주위사람들이 모두 나더러 미쳤다고 할 정도로 상권과는 완전히 거리가 먼, 다소 엉뚱한 자리도 있었다. 하지만 결국엔 대부분의 점포가 손님이 끊이질 않을 정도로 대박을 쳤다.

대구지사 자리도 마찬가지였다. 전문가의 도움을 받으며 석 달 동안 지사 자리를 찾으러 다니던 중 마침내 나는 내 마음을 잡아끄는 곳을 발견했다. 하지만 부동산중개업자는 손을 내저으며 격하게 반대했다. 절대 장사가 될 자리가 아니란 것이다.

"아니, 그 좋은 자리 나 세쳐두고 왜 하필 여기에요? 서울 분이라 잘 모르시는 모양인데, 여기는 유동인구가 거의 없어요. 가게 차리면 망한다고요."

"괜찮습니다. 전 이 점포를 꼭 계약하고 싶습니다."

사실 그 자리는 하루 동안 지나가는 사람을 손으로 헤아릴 수 있을 정도로 사람이 다니지 않는 곳이었다. 아이러니하게도 그것이 나에겐 도전의 기회로 보였다. 이런 척박한 곳에서 대박이 나면 인근은 물론이고 대구 시내 전체에 소문이 날 것이라 판단한 것이다.

물론 "무조건 하면 된다!"는 막무가내식의 만용은 아니었다. 내 나름의 기준으로 볼 때 그 자리는 장사가 될 자리였다. 점포의 위치는 별로 안 좋았지만 그 동네의 상권은 전체적으로 좋았다. 한 마디로 나무는 별로이지만 토양은 훌륭한 곳이었다.

집들이 오밀조밀하게 자리하고 있어서 단위면적당 세대수가 많았고, 군데군데 공장도 좀 섞여 있어서 단체 회식을 유도하기에도 좋았다. 또 10분 정도만 걸어가면 큰 호텔을 중심으로 유흥가들이 밀집해 있어서 24시간 영업을 하기엔 꽤 괜찮은 자리였다. 그리고 더욱 강하게 내 마음을 끈 것은 그 가게 앞이 출퇴근 시간에 만성적인 도로 정체가 일어난다는 점이었다.

상상해 보라. 멈춰선 차 안에서 무심히 창밖을 내다보니 사람들이 바글바글한 감자탕 가게가 보인다. 가게 밖은 대기표를 뽑고 기다리는 손님들로 줄을 이었다. "뭐지? 저 집이 그렇게 맛있나? 주말에 가족들이랑 한번 가봐야겠네."라는 생각이 들 수밖에 없지 않은가.

나는 나의 남다른 촉을 믿으며 13층 주상복합 건물의 1층 상가 중 187평이나 되는 가게를 통째로 사버렸다. 그리고 계약과 동시에 대구지사 오픈을 위한 준비에 돌입했다. 분양사의 허락을 받은 뒤 13층 높이에 달하는 거대한 현수막부터 내다걸었다. 현수막 하나의 금액만 해도 당시 돈으로 200만 원이 넘었다. 그 덕분에 도로를 지나는 차량들로부터 "도대체 저게 뭐지?"하는 호기심의 눈길이 쏟아졌다.

그 외엔 거의 돈이 들지 않는, 나만의 남다른 홍보방법으로 주민들에게 꾸준히 우리를 알리기 시작했다. 매장 앞에 큰 사거리가 있었는데, 앞서 말했듯이 그곳은 출퇴근 시간에 도로 정체가 아주 극심했다. 얼핏 보기엔 이것이 단점일 수 있지만 내겐 홍보를 위한 최적의 조건으로 여겨졌다. 매장 내부공사를 하는 동안 함께 일할 직원들을 미리 뽑아두었는데, 출퇴근 시간을 활용해 나는 직원들과 함께 가게 앞에서 홍보를 했다.

"좋은 하루 되세요! 안전 운전 하십시오!"

"좋은 하루 보내셨어요? 편안한 밤 되십시오!"

30명이나 되는 직원들이 한 줄로 늘어서서 큰소리로 인사를 하니 모두가 신기한 듯 쳐다보았다. 게다가 오픈 준비를 하는 한 달 가까이를 하루도 빠짐없이 같은 시각에 인사를 한 덕분에 그곳을 매일 지나치는 분들에게 우리는 이미 익숙한 얼굴이 돼 있었다. 어떤 이들은 차 안에서 손을 흔들어주기도 하고, 어떤 이들은 감사하다는 인사를 하기도 했다. 호기심을 유발하는 것은 물론이고 지역주민들과 인사를 주고받는 친근한 관계까지 형성했으니 120% 만족스런 홍보가 된 셈이다.

"아휴, 기사님. 수고 많으십니다. 따뜻한 차 한 잔 드시고 가십시오."

"감자탕 가게를 새로 개업하시나 보네. 손님들한테 소문 많이 내

주리다.”

택시기사님들께 차 한 잔을 건네는 '정(情)' 홍보도 했다. 당시 직원들 중에는 인근에 사시는 분도 있었지만 버스로 두세 구간 정도의 거리에 사시는 분들도 있었다. 택시를 타면 기본요금 정도 나오는 거리라 나는 출근 시각에 그분들께 택시비를 지원해드렸다. 그 대신 택시에서 내릴 땐 거스름돈을 받지 말고 매장에서 차를 한 잔씩 뽑아 기사님들께 드리라고 했다. 시간이 날 땐 아예 내가 차를 뽑아서 기다리기도 했다. 대놓고 “우리 가게 좀 홍보해주세요.”라고 하지 않아도 기사님들이 알아서 우리 가게를 홍보해주셨다. 차 한 잔이 아닌 '정(情)'을 드린 것을 알기 때문이다.

대구지사를 준비하고 경영했던 경험들은 이후 대구경북지역의 가맹점들을 개설할 때 좋은 길잡이가 돼주었다. 점포자리를 선정하는 것은 물론이고 홍보, 직원교육 등을 내가 직접 리드하며 가맹점의 성공을 도왔다. 이런 경험은 당연히 나에게도 큰 도움이 됐다. 3년간 대구지사의 가맹점들을 밀어주고 끌어주며 예비 사업가로서의 자질과 면모를 갖출 수 있었다. 그리고 무엇보다 타고난 재능이나 감각보다 더 중요한 것이 열정과 노력임을 확신할 수 있었다.

“대표님은 정말 부동산을 보는 안목이 남다른 것 같아요. 어떻게 될 자리와 안 될 자리를 그렇게 정확히 구분하세요?”

“그런 남다른 홍보 아이디어들은 대체 어떻게 생각해내세요?”

부동산을 보는 촉이나 홍보 아이디어에 '남다른'이란 수식어를 붙이긴 했지만 사실 그것은 남다른 감각이나 창의성만을 의미하지는 않는다. 오히려 고만고만한 지식과 아이디어를 결합한 것에 '남다른 노력'을 더해 '남다른 결과'를 만들어냈다는 말이 더 옳을 것이다.

점포 자리만 하더라도 내 나름의 기준을 만족시킨다면 그 다음은 모두 내가 하기 나름이다. 즉, 제아무리 훌륭한 상권이라도 고객을 위한 노력을 멈춘다면 찾는 이가 줄어들 것이다. 반면, 그다지 잘 될 자리가 아니더라도 최선의 노력을 다한다면 고객은 언젠가는 찾기 마련이고, 그 고객이 다른 고객까지 모셔올 수 있다. 남다른 촉을 완성시키는 비법은 늘 그렇듯 '남다른 노력'이다.

때로는
포기도 답이다

나는 '절대 포기하지 마라.'는 말을 그다지 좋아하지 않는다. 신중한 고민과 준비 끝에 마침내 창업을 했지만 현실은 바라던 기대와는 달리 파리만 날린다면? 그래도 절대 포기하지 말아야 할까? 그들에게 이런 말은 오히려 최악의 상황을 몰고 올 독이 될지도 모른다.

물론 이렇다 할 노력도 하지 않은 채 장사가 잘 안 된다는 이유만으로 절망하고 포기하는 것은 바람직하지 않다. 하지만 방법을 바꾸고, 두 손으로 안 되면 두 발까지 동원해가며 할 수 있는 모든 노력을 했음에도 안 된다면 하루라도 빨리 방향을 틀어 다른 길을 찾는 것이 낫다.

나는 이거다 싶은 일에는 남다른 추진력을 자랑한다. 그리고 이게 아니다 싶은 일에는 포기도 빠르다. 단, 정말 그것을 이루기 위해 최선을 다했는지는 반드시 묻는다. 그리고 최선을 다했음에도 이루어지지 않았다면 과감히 두 손을 든다. 해도 안 되는 것을 붙잡고 가는 것은 깨진 항아리에 물을 채우려는 미련이자 오기일 뿐이다.

포기는 최선을 다한 사람만의 특별한 권리다. 최선을 다하지 않은 사람에겐 포기할 권리조차 없다. 그래서 포기에 당당하고 미련이 남지 않기 위해서는 무엇보다 내 양심에 어긋나지 않는 최선의 노력이 우선되어야 한다.

바닥에서 시작해 100억 원이라는 큰돈을 벌고, 건실한 프랜차이즈 기업을 이끌게 되기까지 나 역시 포기의 유혹이 많았다. 소소하게는 나 자신과의 약속부터 크게는 회사의 큰 줄기를 결정하는 중대 프로젝트에 이르기까지, '이제 그만 포기해야 하지 않을까?'라는 생각이 들 때가 많았다. 그럼에도 최선을 다한 노력을 했는지를 묻고 또 물으며 그 기준을 분명하게 지켜나갔다.

"대구에 내려간다고요? 그것도 석 달씩이나?"

"아는 사람 하나 없는 대구에서 새로 시작한다는 게 생각만큼 쉬운 줄 아니?"

대구지사를 준비하며 시장조사를 위해 대구에 홀로 석 달간 머문 적이 있다. 가족은 물론이고 주위 지인들까지도 낯선 도시인 대구에서 지사를 하는 것에 대한 반대가 컸다. 하지만 일단 하기로 마음먹은 이상 내가 할 수 있는 노력은 다 해보기로 했다.

"어머니, 이번 추석은 집에 못 올 겁니다."

"아니, 명절 때까지 집에 안 오고 그곳에 있겠단 말이야?"

"네. 석 달 동안 대구에 머무르며 최선을 다해볼 생각입니다. 포기를 해도 그때 할 겁니다."

미리 정해둔 석 달이란 기간 안에는 명절도 끼어 있었는데, 명절 때조차도 집에 가지 않을 각오로 대구행 기차에 올랐다.

그렇게 강하다 못해 독한 마음까지 먹고 시작한 일에 가장 큰 걸림돌로 등장한 것은 다름 아닌 나 자신이었다. 아침 7시에 숙소에서 나오면 커피숍에 들어가 차 한 잔 마실 짬도 없이 저녁 9시까지 시장조사를 하고 다녔다. 길거리를 돌아다니며 얼마나 매연을 마셔댔는지, 밤에 세수를 하면 코에서 시커먼 것들이 쏟아져 나왔다. 그뿐만 아니다. 대구 전역에 걸친 감자탕 가게를 돌며 하루 일곱 끼를 먹어야 하니 오후가 되면 배가 금방이라도 터질듯 불편해졌다. 어디 그뿐인가. 매일 낯선 장소에서 낯선 사람들만 만나는 데다 경상도 사투리는 왜 그리도 어렵던지, 여기가 대한민국인지 외국인지 헷갈릴 정도였다.

처음 며칠은 괜찮았지만 일주일이 지나고 열흘이 지나니 이런 불만들은 점점 커져만 갔다. 녹초가 된 몸을 이끌고 숙소로 돌아와 빨래를 하다보면 문득문득 '내가 지금 뭐하고 있는 거지?' '왜 여기서 이러고 있지?'라는 회의감까지 들었다. 그리고 그런 회의감 끝엔 '그만 포기할까?'라는 유혹이 꼬리를 물고 따라왔다.

내 안의 유혹부터 이겨라

세상에서 가장 든든한 우군인 동시에 가장 강력한 적군은 누구일까? 바로 '자기 자신'이다. 가야 한다며, 한번 가보자며 응원하고 격려하는 것도 자신이지만 끊임없이 불평과 불만, 의심과 미련을 쏟아내며 발목을 붙잡는 것도 자신이다.

유서를 쓰고 장사를 시작했던 그때의 절박함과 초심을 되찾기 위해서 나는 일부러 편안한 호텔이 아닌 허름한 여관을 숙소로 정했다. 돈도 택시비와 여관비, 식사비 등 시장조사에 필요한 경비만 챙겨왔다. 나를 더욱 옥죄기 위한 선택이었지만 초라한 여관방은 내 마음을 더욱 서글프게 만들었다.

"너 도대체 거기서 뭘 하는 거냐? 왜 거기서 혼자 궁상을 떨고 있어?"

어머니의 호통도 호통이지만 나를 더욱 괴롭게 하는 것은 어린 아들의 해맑은 목소리였다.

"아빠, 언제 오세요? 보고 싶어요."

매일 저녁 아내는 아들을 앞세워 내게 전화를 했다. 다섯 살 아들이 아빠가 보고 싶다며 울먹이니 내 마음이 미친 듯이 흔들렸다.

"여보, 그냥 올라와요. 당신 마음은 알겠는데, 서울에서도 충분히 뜻을 펼 수 있잖아요."

아내의 울먹임까지 더해지니 당장이라도 짐을 싸서 서울로 가고 싶었다. 몸이 힘든 것은 아무 것도 아니었다. 흔들리고 있는 내 마음이 보여 너무 실망스러웠고, 무엇보다 너무 외로웠다. 난생 처음으로 물질적인 목표가 아닌, 정말 이 세상에 도움이 될 만한 가치 있는 목표를 세워서 도전하고 있었다. 그런데 단 한 명도 나를 지지해주는 사람이 없고 다들 그만두라고만 했다. 외롭다는 게 이런 거구나, 내 편이 없다는 게 이렇게 힘든 거구나. 차라리 가족들의 생계를 위해 거침없이 내달리던 그 절박했던 순간이 그리웠다.

"어휴, 미련퉁이! 이게 도대체 뭐하는 짓이지? 당장 그만두자."

"아니야, 너 정말 의로운 일을 하는 거야. 그러니까 이건 꼭 해야 돼."

"네가 아니면 할 사람이 없어? 꼭 네가 해야 해?"

"그게 네 신념이고, 그 신념을 지키는 것이 너와의 약속이잖아."

매일 밤 소주 한 병을 앞에 놓고 내 안의 또 다른 나와 싸워댔다. 나는 가장 먼저 움직였지만 가장 마지막까지 걸리적거리고 있었다. 하지만 다행스럽게도 다음날 아침이 되면 늘 그렇듯 다시 충만한 하루를 보냈다. 내 신념을 지키고 싶었고, 나 자신에게 쪽 팔리고 싶지 않았다. 그리고 무엇보다 아직은 최선을 다 한 것 같지 않아 포기할 수가 없었다.

자신과의 싸움에서 이긴 사람만이 변화와 성공의 터닝포인트를 맞을 수 있다. '최선의 노력'이라는 숙제를 스스로에게 던지는 동안 다행히도 나는 원하던 결론을 얻었다. 그 덕분에 대구지사를 순탄하게 준비하고 꾸려갈 수 있었다.

이후로 오랫동안 나는 나 자신의 유혹에서 자유로울 수 있었다.

하지만 그로부터 몇 년 뒤인 2014년, ㈜보하라의 부산대신점을 리뉴얼하기 위해 부산에 내려갔을 때 나는 다시 내 안의 유혹에 흔들리고 만다.

㈜보하라를 창업한 이후 나는 더 나은 조직으로의 변화를 위해 때론 가장 아래에서 모범을 보이기도 하고, 때론 가장 선두에서 우렁찬 기세로 진두지휘하기도 했다. 그러던 중, 부산지역 가맹점들의 매출이 눈에 띄게 부진해졌고, 점주들의 불만도 점점 커져갔다. 당시 외부에서 새로 영입한 간부가 있었는데, 그분은 느리게 가더라도 제대로 가자던 나의 경영철학을 무시하고 전투적으로 가맹점을 늘려 나갔다. 애사심도 크고 업무에 대한 의욕도 높았지만 워낙 불도저 같은 성격이라 월권을 감행하면서까지 가맹점을 개설했다. 이런 결과를 예견하고 미리 막지 못한 내 잘못이 컸다.

부산지역 가맹점 회생의 시범 점포로 대신점을 지정해 대대적인 리뉴얼 작업에 들어갔다. 업계에서 유명한, 내로라하는 전문가를 섭외해 대신점에 투입했지만 석 달도 안 돼 두 손을 들었다. 고심 끝에 내가 가장 신뢰하는 직원을 부산대신점으로 내려 보냈다. 하지만 그 직원마저 석 달만에 손을 들었다. 점주들의 원성은 점점 커져만 갔고, 결국 마지막이란 심정으로 내가 직접 대신점으로 내려갔다.

"석 달입니다. 딱 석 달만 저를 믿고 지켜봐주십시오. 석 달 안에 매출을 두 배 이상 끌어올려 놓겠습니다."

"무슨 수로요? 전문가가 해도 안 됐던 것을 대표가 한다고 될까요? 만약 안 되면 어쩔 건데요?"

"매출을 두 배 이상 올리지 못하면 무조건 여러분들이 원하는 방식으로 책임을 지겠습니다."

말은 그렇게 했지만 나 역시 두려웠다. 특별한 묘수를 들고 온 것도 아니었다. 그저 내가 해내지 못하면 회사가 무너진다는 각오로 최선을 다할 굳은 마음만 준비해왔다. 회사의 대표까지 나선 마당에 점포를 회생시키지 못하면 결국 우리 브랜드가 경쟁력이 없다고 인정하는 꼴이 된다. 그러니 나는 내가 할 수 있는 최선의 노력을 다해야 했다.

매의 눈으로 진단해 본 매장의 상황은 내 예상과 그리 엇나가지 않았다. 장사가 안 되니 점주는 물론이고 직원들까지 모두 일에서 마음이 떠난 상태였다. 직원들의 흐트러진 마음만큼이나 매장의 청결 상태도 엉망이라 일단 팔부터 걷어붙였다. 늘 그렇듯 나는 가장 지저분하고 더러워서 모두가 꺼리는 곳부터 청소를 하기 시작했다. 지린내가 절어 있는 화장실, 정돈되지 않은 창고, 주방, 홀, 직원들의 숙소까지 모두 청소하고 나니 이틀이 훌쩍 지나 버렸다.

더운 여름날, 잠도 거의 못자고 땀을 뻘뻘 흘리며 청소를 한 탓에 서둘러 샤워를 하고 숙소에 들어가 잠을 청했다. 피곤함에 골아 떨어졌던 나는 새벽 2시경 극심한 가려움을 느끼며 잠에서 깼다. 몸을 살피니, 잠결에 얼마나 긁어댔는지 팔과 다리에 온통 날카로운 손톱자국이 나있었다. 침대와 이불 등 침구에 벼룩, 진드기 같은 몹쓸 것들이 득실거렸던 것이다.

"이런, 젠장!"

순간, 짜증과 화가 뒤엉켜 욕이 튀어나왔다. 끊었던 담배가 생각날 정도로 머릿속이 부글거렸다. 매장이 이 지경이 되도록 방치한 점주에게 화가 났고, 자신들이 덮고 자는 침구에 벼룩이 득실거려도 세탁할 생각조차 않았던 직원들에게 짜증이 났다. 주인조차 남의 일인 양 하는 이곳에서 도대체 나는 무엇을 해보겠다고 이러고 있는 것인지…. 선뜻 포기하지 못하는 나 자신이 한심하기까지 했다.

나는 3층에서 자고 있는 직원들이 깨지 않도록 2층 매장으로 내려왔다. 화가 다 풀리지 않은 탓에 구시렁거리다 다시 잠이 들었다. 그런데 놀랍게도 그 꿈에 아버지께서 나타나셨다. 아버지가 돌아가신 이후 꿈에서조차 다시 뵐 수 없었던 터라 너무나 반가웠다. 그런데 아버지는 혼자 오신 게 아니라 웬 외국인이랑 함께 오셨는데, 환하게 웃고 계신 아버지와 달리 그 분은 내게 대뜸 호통부터 치셨다.

"너 도대체 여기서 뭐하고 있는 거냐! 그렇게 불평불만을 쏟아내려 이곳에 온 것이냐! 목숨 걸고 하겠다던 네 초심은 다 어디로 간 것이냐!"

꿈이기에 가능한 일이었을 테다. 내 눈앞엔 오래전 작은형의 집에서 쫓겨나던 때의 모습부터 지금의 모습까지 모든 시절이 파노라마처럼 펼쳐졌다. 주린 배를 수돗물로 채우며 지게를 지던 남대문시장 짐꾼 시절, 왕십리에 감자탕 점포를 연 후 아내와 차에서 쪽잠을 자던 시절, 낯선 도시 대구에서 지사를 차려 가맹점들을 키웠던 시절, 그리고 그토록 바라던 ㈜보하라를 창업하여 지금에 이르기까지 내가 흘렸던 땀과 눈물과 행복한 미소가 생생하게 펼쳐졌다.

"지금 네 곁에 누가 있는지 보여주마! 네가 정녕 그들의 손을 놓을 셈이냐!"

그분의 말이 끝나자마자 다시 내 눈앞엔 그동안 나를 믿고 따라온 직원들과 점주들, 그리고 가족들의 모습까지 보였다. 마지막으로 나의 초심이 보였다. 혼자만 배불리 잘 먹고 잘 사는 기업이 아닌, 직원을 위하고 점주들의 권리와 이익을 보호하는 상생의 기업을 만들고 싶었던, 그 옹골지고 당찼던 나의 초심까지 확인하자 나도 모르게 뜨거운 눈물이 흘러내렸다.

"이래도 네가 불평불만을 할 수 있겠느냐! 어서 일어나라!"

쩌렁쩌렁한 호통 소리에 놀라 나는 화들짝 잠에서 깼다. 시계를 확인하니 불과 30여 분 정도밖에 지나지 않았다.

아버지와 함께 나타났던, 처음 본 그 분을 나는 신(神)이라고 믿고 있다. 형편없이 나약하고 지독하게 부정적인 나를 일깨워주기 위해 찾아오셨다고 생각한다. 그동안 얼마나 어렵고 힘든 과정을 겪어왔는데 그깟 가려움도 못 참아 불평불만을 쏟아내는 내 모습이 너무나 부끄러워졌다. 아무것도 없었던 때도 나는 포기하지 않고 꿈과 목표를 향해 나아갔다. 그런데 모든 것을 다 가진 지금, 더욱이 나를 믿고 함께 하는 든든한 사람들까지 있는데 감사함을 잊다니! 그깟 벼룩 따위에 짜증을 내고 화를 내며 포기를 생각하다니! 한심하고 또 한심했다.

외롭고 불편한 것도 배부를 때나 느끼는 감정이다. 절박한 자에게 외로움이나 불편함 따위는 사치와도 같다. 매 순간 감사하고, 매 순간 절실해야 함을 깨달은 나는 다시 3층 숙소로 향했다. 벼룩에게 온 몸이 다 뜯어 먹히는 일이 있더라도 직원들과 함께 하리라, 내가 할 수 있는 노력은 다해 보리라고 다짐했다. 그리고 그 밤, 그날 어느 때 보다도 편안하게 꿀잠을 잤다.

내 사전엔 한계란 없다

2003년, 타 브랜드의 감자탕 대구지사를 갓 출점했을 때의 일이다. 오픈 후 오전 9시부터 저녁 9시까지 이어지는 주간장사는 매일 700 만 원을 훌쩍 넘기며 기대 이상의 초대박을 쳤다. 하지만 야간장사는 하루 매출 10만 원을 오가며 파리만 날렸다. 그도 그럴 것이 당시 내 가 선택했던 점포가 늦은 저녁 시간이 되면 사람이 거의 다니지 않는 지역에 있었다. 주간장사가 연일 대박을 쳤던 덕분에 나는 야간장사 는 편안한 마음으로 하기로 했다. 그런데 이런 기운이 여러 날 이어 지니 야간장사를 맡았던 직원들의 마음이 많이 불편했던 모양이다.

　나는 대구지사를 시작하며 오픈 후 석 달 동안은 하루 4시간 이상 은 잠을 자지 않겠다는 원칙을 세워두었다. 그래서 아침 8시에 출근 하면 아무리 힘들어도 다음날 새벽 4시까지는 꼼짝하지 않고 가게를 지켰다. 나의 이런 부지런함이 야간 팀 직원들에겐 오히려 부담으로 작용한 것 같았다.

　"이모님들, 좀 앉아서 쉬세요. 깨끗한 테이블을 왜 자꾸 그렇게 닦

으세요?"

"야휴, 그래도 돈 받고 일하는 사람이 앉아서 쉴 수는 없죠."

시어머니 눈치를 보는 새댁 같아서 안쓰러운 마음도 들었지만 그렇다고 내가 스스로 세운 원칙을 어기고 집에 들어갈 수도 없는 일이었다.

"주간 팀은 계속 대박 행진인데 우린 이렇게 파리만 날리니 어쩌면 좋죠?"

"그러게. 월급 받아가기도 미안하고 부담스럽네. 나부터 먼저 빠져줘야 하려나."

개업 후 한 달 정도 지나니 야간 팀의 홀 직원 한 명과 주방 직원 한 명이 일을 그만두겠다고 했다. 당시 야간 팀 직원이 8명이었는데, 손님이 들지 않으니 알아서 먼저 빠져주는 게 동료들과 나를 위한 일이라고 생각한 듯했다. 나는 일단 알겠다고 말하고 야간 팀을 모두 집합시켰다.

"여러분이 왜 이런 결정을 했는지 충분히 이해합니다. 그 마음만은 정말 감사하게 받겠습니다. 하지만 아직은 포기할 때가 아닙니다. 우리가 뭘 해봤다고 벌써 포기를 합니까?"

이어서 나는 직원들에게 제안을 한 가지 했다.

"앞으로 딱 석 달만 지금 인원 이대로 해보도록 하죠. 석 달 뒤에도 평일 야간 손님이 테이블의 3분의 2가 안 채워지거나 야간 매출이 하루 200만 원을 넘지 못하면 그땐 아예 야간 장사를 포기하겠습니다."

나름 합리적인 제안이었지만 직원들은 여전히 염려스런 표정을 짓고 있었다. 그들은 하나 같이 '뜻은 좋지만 하루 야간매출 10만 원인 매장을 무슨 수로 200만 원으로 끌어올리려요? 어떻게요?'라는 표정이었다. 나는 내친김에 야간 팀 직원들에게 조건을 내걸었다.

"나한테 교육받은 대로, 지금 하던 대로 3개월만 더 애써 주십시오. 여러분들을 믿고 나는 이제부터는 밖으로 나가 야간매출을 끌어올리기 위해 영업을 하러 다니겠습니다."

나는 직원들에게 내가 없는 대신 그들이 이제 내 역할을 해주어야 함을 강조했다. 그동안 나는 야간에 손님이 한 분이라도 들어오면 큰소리로 인사하며 버선발로 달려가 반갑게 맞았다. 음식 한 그릇도 내 가족이 먹는 것처럼 정성스레 준비하고 대접해드렸다. 이제 그대들이 주인장이 되어 손님들을 정성스레 맞아 달라고 거듭 부탁을 했다. 다행히 직원들은 손님만 온다면야 버선발이 아니라 맨발로라도 달려가서 맞이하겠다며 굳게 약속을 했다.

야간 팀 직원들과의 진심어린 소통 이후 나는 다음날부터 야간 시간이면 하루도 빠짐없이 밖으로 나가 길거리홍보에 열중했다. 큰돈을 들이거나 화려한 이벤트는 하지 않았다. 그대신 오래전 당구장을 운영할 때의 초심으로 돌아가 무조건 발로 뛰었다. 주유소, 단란주점, 룸사롱, 나이트클럽, PC방 등 심야시간에 영업을 하는 업소를 찾아가서 음료와 전단지를 건네주며 홍보를 했다. 처음엔 다들 밤늦은 시각의 길거리홍보에 황당해하며 문전박대했다. 하지만 매일 같은 시각에 꾸준히 찾아 정성스레 홍보를 하니 결국엔 웃으면서 맞아줬다.

"반갑습니다. 어서 오십시오!"

"많이 시장하셨죠? 고기 넉넉히 넣었습니다. 많이 드세요."

야간 길거리홍보를 시작한 지 한 달이 조금 지나니 조금씩 효과가 드러났다. 야간 손님이 하나둘 늘더니 매장이 서서히 손님들로 들어 찼다. 직원들은 떠났던 내 님이 돌아온 것처럼 반가움과 정성을 담아 음식을 내놓고 서비스를 했다. 자신들의 노력이 헛되지 않음을 확인한 것이니 손님 한 분 한 분이 얼마나 반가웠을까.

매장은 점점 손님들로 채워져 갔고, 급기야 평일 야간에도 매장이 꽉 찰 정도로 장사가 잘됐다. 약속한 석 달 째 되던 때에 평일 야간 매출이 목표했던 200만 원을 넘기게 되니 야간 팀은 서로를 대견해하며 더 단단하게 팀워크를 다져갔다.

주간 팀에 이어 야간 팀까지 안정을 찾은 덕분에 야간매출만 한 달에 8천만 원의 수준이 되어, 한 달에 총 3억 원의 매출이 발생했다. 1년에 30억 원이 넘는 매출액이면 요즘 수준으로도 아주 높은 매출인데, 지금으로부터 10여 년 전의 매출이니 웬만한 중소기업 수준이었다.

나는 야간 팀의 감동적인 반전을 통해 '하면 된다'의 힘을 새삼 깨달았다. 사람이 다니지 않는 길이라고 하여 하루 10만 원의 매출을 당연한 것으로 받아들이며 스스로 한계를 그어서는 안 된다. 그럼에도 목표를 세우고 방법을 달리하면서 없던 손님도 불러들여야 한다. 미로 찾기를 하다 막다른 골목을 만나면 포기하기보다는 다시 길을 찾아 나아간다. 그것이 애초에 온갖 장애물을 만나며 길을 찾아가는 게임이라는 것을 알기 때문이다.

삶도 미로 찾기의 일종이다. 지금 내딛은 이 한 걸음이 어떤 결과를 가져올지 정확히 예측하기 힘들다. 그래서 때론 확신을 가지고 달리던 길에서 벽을 만나기도 하고, 낭떠러지를 만나기도 한다. 하지만 내가 포기하지 않는 한 반드시 길을 찾게 된다. 그게 게임의 룰이다. 그러니 안 된다며 한계를 긋기 전에 방법을 달리하여 한 번 더 도전해볼 일이다. 그 노력들이 모여 결국엔 길을 연다.

초심(初心)이
곧 말심(末心)

내 금고 안에는 유서가 한 장 들어 있다. 17년 전에 써둔 것이라 현재의 상황과는 다소 거리가 있지만 그럼에도 나는 틈날 때마다 그것을 꺼내본다. 그때의 절박하고 절실했던 마음을 잊지 않고 단단히 붙잡아두기 위해서다.

목숨을 담보로 사람들에게 돈을 빌려 시작한 감자탕 장사였지만 17년의 세월이 흐르는 동안 때때로 그 마음이 흐트러지기도 하고, 흐려지기도 했다. 그때마다 나는 유서에 적힌 한 구절 한 구절을 따라가며 그때의 간절했던 초심을 되살려낸다. 하루에도 몇 번씩 변하고 흔들리는 것이 사람의 마음이라지만, 사업을 하는 사람은 애초에 그것을 왜 시작했는지, 어떤 각오였는지를 떠올리며 그 마음을 더욱 단단히 붙잡아야 한다. 나 혼자만을 위한 마음이 아니기 때문이다.

초심(初心), 즉 처음의 마음을 잃지 않고 꾸준히 유지하는 것은 생각처럼 쉽지 않다. 오죽하면 굳게 먹은 마음이 사흘을 못 가고 느슨하게 풀어진다는 작심삼일(作心三日)이라는 말이 다 나왔을까. 요즘은 3일에 한 번씩 반복해서 마음을 다짐으로써 작심삼일을 꾸준히 이어가는 전략까지 등장했다고 한다.

그것이 어떤 것이든, 초심을 유지하기 위해서는 다양한 장치들이 필요하다. 초심을 늘 눈으로 확인하며 지켜가기 위해 글이나 사진 등으로 기록해 가까이에 두는 것도 효과가 좋다. 가훈이나 사훈 등을 글로 써서 가장 눈에 잘 띄는 곳에 걸어두고 수시로 확인하는 것도 이와 같은 의미이다.

힐튼 호텔의 창시자인 콘라드 힐튼 역시 이런 장치를 통해 초심을 지킨 사람이다. 그는 호텔 벨보이 시절부터 세계에서 가장 크고 멋진 호텔을 소유하겠다는 꿈을 품고 누구보다 열심히 노력했다. 그는 초심을 지키고 에너지를 끌어올리기 위해 자신의 꿈을 종이에 적었고, 그것을 미국에서 가장 큰 호텔 사진과 함께 책상에 붙여두었다. 자신의 꿈을 수시로 들여다보며 초심을 유지해 나간 것이다.

"고생했어. 이건 내가 주는 선물이야. 다음에도 초심 잃지 말고 힘껏 잘 달려줘."

초심을 지키고 목표를 이뤄냈을 때 스스로에게 포상을 하는 것도 좋다. 평소 갖고 싶었던 것을 자신에게 선물한다거나 가보고 싶었던 곳으로 여행을 떠나는 것이다. 무엇이 되었든, 초심을 지키며 열심히 달려준 자신에게 수고했다, 대견하다며 칭찬해주고 격려해주는 것은 초심을 더욱 단단하게 해주는 효과가 있다.

나는 일기를 쓰는 것 외에도 최소 석 달은 그것을 해보는 것으로 초심을 유지하고 있다. 낯선 직장에 들어가 일을 배울 때도, 건강을 위해 금연을 결심할 때도 그 어떤 유혹이 와도 석 달은 꾹 참아보자며 견뎠다. 아무리 힘들고 어려운 일도 꾸준히 석 달을 하다 보면 어느새 몸과 마음이 익숙해져 습관이 된다.

사람에 따라 그 기간은 다를 수 있다. 나는 경험상 석 달 정도 그렇게 고행의 시간을 가지면 대부분은 마음먹은 것을 끝까지 흐트러지지 않고 그대로 실행됐다. 이미 석 달이라는 시간 동안 실행을 통해 초심을 현실로 끌어들이는 충분한 훈련을 했기 때문에 마지막 힘까지 이어갈 수 있는 것이다.

세상의 중심에서 대박을 외치다

100일 동안 하루도 빠짐없이 산에 올랐던 적이 있다. 호기롭게 독립을 선언하고 프랜차이즈 외식 기업인 ㈜보하라를 창업했지만 기대만큼 성과가 나오지 않자 마음이 지옥 밭을 구르고 있었다. 새로운 각오로 본사도 짓고, 직원들도 새롭게 뽑았다. 모두가 한마음이 돼 제품 개발에 매진하고 있었지만 당장 수익이 나질 않으니 죽을 맛이었다.

문득, 나의 이익이 아닌 모두를 위하는 프랜차이즈 기업을 해보자며 ㈜보하라를 열었던 그날이 떠올랐다. 너무나 뜨거웠던 그때의 내 심장이 느껴지니 당장의 이익에 연연하며 속을 태우고 있는 내가 너무나 못나 보였다.

당시 내가 인상 깊게 읽었던 책에 저자가 이른 아침 산에 올라가서 떠오르는 해의 기운을 받는 내용이 나왔다. 해를 바라보며 기마자세로 '야아!'하고 소리를 내질렀다는 것이다. 나는 기왕 하는 것, 딱 100일만 꾸준히 그렇게 해보기로 했다. 그러면 내 안에 죽어가던 초심이 언제 그랬느냐는 듯 되살아나 뒷심까지 쭉 이어질 수 있을 것 같았다.

동네 뒷산으론 왠지 부족하게 느껴져 당시 내가 살던 대구 성서 지역의 유명한 산인 와룡산을 목표로 잡았다. 산 아래까지야 차를 타고 간다지만 매일 새벽, 하루도 빠짐없이 정상까지 오르는 것은 각오만큼 쉬운 일은 아니었다.

새벽 5시에 집에서 나오면 겨울치곤 꽤 이른 시각에 산에 도착하게 되는데, 평소 날씨가 좋을 때는 어르신들 열댓 분 정도가 벌써 와 계신다. 그때마다 나는 "어르신들 죄송합니다. 좀 시끄럽게 떠들겠습니다."라며 미리 양해를 구하고 매일 기합 소리를 내질렀다.

"남다른감자탕 대박!"

당시 산을 오르내리던 기간 중에 브랜드 리뉴얼을 해 '남다른감자탕'을 만들었는데, 자연의 정기에 나의 간절함까지 보태어 우렁찬 목소리로 "남다른감자탕 대박!"을 세 번씩 외쳤다.

그러던 어느 날이었다. 새벽에 일어나니 한겨울 날씨라곤 믿을 수 없을 정도로 어마어마하게 비가 오고 천둥번개까지 치고 있었다. '뭐

이 정도쯤이야' 하며 평소처럼 산에 오르려고 하니 놀란 아내가 나를 붙잡았다.

"비가 너무 많이 와요. 게다가 바람도 너무 세차고 천둥번개까지 치잖아요. 그러니 오늘은 산에 안 갔으면 좋겠어요."

"괜찮아, 여보. 걱정하지 마. 안전하게 천천히 올라갈게. 얼른 다녀올 테니 한숨 더 자고 있어."

아내의 만류에도 불구하고 나는 나와의 약속을 지키기 위해 집을 나섰다. 비가 온다고 건너뛸 생각이었다면 애초에 100일이란 시간을 정해두지도 않았다. 우산으론 어림도 없어 우비를 챙겨 입고 산을 올랐다. 평소에도 새벽에 산을 오르면 산짐승들이 종종 출몰해 겁이 나곤 했는데, 그날은 억수 같은 장대비에 앞도 잘 안 보였다. 와룡산은 그렇게 높지는 않지만 마지막 코스의 경사가 좀 가파르다. 그래도 평소에는 잘 올랐는데, 비가 엄청나게 쏟아지니 그날은 무척이나 힘들었다.

한겨울 이른 새벽인데다 폭우까지 쏟아지니 사람이라곤 그림자조차 보이질 않았다. 네 발로 엉금엉금 기어서 올라가는데도 길이 미끄러워 수시로 미끄러졌다. 오기로 깡으로 오르다 어느 순간 울컥하며 눈물이 쏟아져 나왔다. 내가 지금 뭐하는 건가, 이렇게까지 해야 하나, 이렇게라도 하면 과연 달라질 수 있을까. 온갖 복잡하고 어지러운 생각들이 내 머리와 마음을 쑤셔댔다.

그러는 동안 나는 꽥꽥 소리도 지르고 거친 욕도 하고, 그야말로 원맨쇼를 하며 기어이 정상까지 올랐다. 영화의 한 장면처럼 온몸이 진흙범벅이 돼 쏟아지는 비를 맞았다. 그리곤 나도 모르게 두 팔을 벌려 "이야!" 소리를 지르며 함성을 질러댔다. 뭐가 그렇게 쌓인 게 많은지 내 안의 것들을 토해내는 동안 눈물인지 빗물인지 모를 것이 쉴 새 없이 얼굴에 쏟아졌다.

100일이니, 아침 해의 정기니 그런 것은 어찌 보면 그냥 상징에 불과했다. 모든 것이 나의 문제였다. 내가 바뀌지 않으면, 흔들리던 나를 똑바로 세우지 않으면 소용이 없었다. 오래전 남산에서 노숙을 했던 때처럼 철저히 나 자신을 힘들게 해서 초심을 되찾고, 느슨해진 스스로와 싸움을 해보고 싶었다.

비가 오니 좋은 점도 있었다. 어르신들이 산에 오지 않아 그날은 오롯이 나 혼자였다. 힘들게 올라온 만큼 산도 하늘도 모두 내 것이 되는 순간이다. 나는 차분히 호흡을 가다듬고 간절함을 토해냈다.

"남다른감자탕 대박!"

비록 해는 없지만 늘 해가 떠오르던 그 방향을 쳐다보며 목이 터져라 소리쳤다. 세찬 회초리와도 같은 빗줄기를 온몸으로 맞으며 산을 오르고, 마침내 정상에 올라 기합 소리까지 내지르고 나니 세상에 못할 게 없다는 생각이 들었다. 산을 오를 때 그토록 원망스러웠던 비도 어느새 나를 축복해주는 비로 바뀐 듯했다.

그렇게 하루도 빠지지 않고 산을 오르며 마음을 모으던 나는 마침내 100일 째가 되던 날 직원들과 함께 산에 올랐다. 내 간절함에 그들의 간절함까지 보태어 기필코 우리의 꿈을 이루고야 말겠다는 선포를 하기 위해서다.

"남다른감자탕 대박!"

우리는 목이 터져라 소리를 내질렀다. 그 간절한 외침이 우리의 초심이자 뒷심이었다.

마음 지키기, 세상에서 가장 어려운 일

㈜보하라의 직원이 되기 위해선 나이, 경력 같은 숫자보다 더 우선시 되는 조건이 있다. 바로 '정직, 열정, 목표'가 담긴 그의 확고한 '꿈'이다. 그래서 우리는 함께 일할 직원들을 뽑을 때 면접 단계에서 반드시 그의 열정을 확인하고 꿈을 발표하게 한다. 꿈이 분명한 사람은 그것을 위해 달리는 힘도 남다르다.

"여러분 안녕하십니까. 저는 이번에 주식회사 보하라에 입사 지원한 홍길동입니다. 제가 이 회사에 지원하게 된 이유는….”

지원자의 열정과 꿈을 검증하기 위한 면접 단계 중 하나로 '시내버스 발표'라는 것을 한다. 지원자들은 시내버스를 타고 함께 탑승한 승객들에게 '나의 꿈은 무엇이며, 내가 왜 ㈜보하라에 입사지원을 했는지'에 대해 3분 동안 발표를 해야 한다. 어지간히 얼굴이 두껍지 않고는 하기 힘든 일이라 여겨지지만 사실 얼굴의 두께보다는 꿈을 향한 열정의 깊이가 발표의 성패를 좌우하는 중요한 요소가 된다.

면접의 제일 마지막 관문은 직원들 앞에서 자신의 꿈을 발표하는 것이다. 면접관의 면접을 마친 지원자들은 마지막 관문으로 ㈜보하라 직원들 앞에서 '꿈발표'를 해야 한다. 자신이 왜 ㈜보하라에 지원했는지, 만약 입사를 하게 되면 어떤 자세로 임할 것인지 등에 대해 발표하는 것이다. 박수 소리와 함께 직원들의 열렬한 호응을 얻은 사람은 최종 합격자로 선출된다. 하지만 이 단계에서 수줍어하거나 우물쭈물한다면 당연히 탈락이다. 자신이 간절히 바라는 것이 무엇인지 모르고, 안다고 해도 그것을 당당히 말하기를 힘들어하는 사람은 결코 그것을 향해 전력질주하지 못한다. 그럴 힘이 아직은 없기 때문이다.

"여러분들의 꿈을 한 줄로 요약해서 명함에 콕 박아두세요. 그리고 우리 보하라와 함께 여러분의 꿈을 향해 죽을 각오로 뛰어봅시다!"

면접을 무사히 통과해 ㈜보하라에 입사하게 되면 나는 그 꿈을 한 줄로 요약해 자신의 명함에 새겨 넣게 한다. 누군가에게 자신을 소개할 때, "어느 회사에서 무슨 일을 하는 아무개입니다."도 중요하지만 "나는 무엇을 향해 전력으로 달리고 있는 중입니다."를 함께 말할 수 있어야 한다. 그게 '나'이기 때문이다.

나는 회사의 대표로서 직원들이 꿈을 이룰 수 있도록 돕고 싶다. 그래서 다양한 방법으로 그들의 초심을 되살려주고 있는데, 늘 함께 하는 명함에 꿈을 새겨 넣게 하는 것도 그런 장치 중 하나이다. 또 언제 어디서든 직원들을 붙잡고 꿈을 묻고 그것을 이루기 위해 현재 무엇을 하고 있는지도 묻는다. 그리고 내 나름의 조언도 덧붙여준다.

"김 대리님은 꿈이 뭐예요?"

"저는 대기업에서 서로 모셔가고 싶은 최고의 마케팅 전문가가 되고 싶습니다."

"우리 회사에서 마케팅 실무를 익히는 것 외에 다른 노력들도 많이 하고 계시죠?"

"네. 커뮤니티 활동을 하면서 같은 일을 하는 분들과 소통도 하고 다양한 정보도 찾아보고 있습니다."

"그렇군요. 내 경험으론 책도 많은 도움이 되더군요. 내가 읽은 책 중에 마케팅에 도움이 되는 책이 몇 권 있는데 추천해드려도 될까요?"

그것이 우리 회사와 직접적인 관련이 없는 꿈이라도 상관없다. 대신 자신의 꿈을 이루는 과정에서 우리 회사를 훌륭한 발판으로 잘 활용해주기를 바랄 뿐이다.

"최 과장님은 꿈이 우리나라 최고의 외식 프랜차이즈 기업의 CEO가 아니셨어요? 그런데 왜 갑자기 장사를? 그것도 동네 슈퍼마켓을 한다고 하세요?"

"대표님을 보면서 나도 할 수 있다며 꿈을 품고 희망을 키웠습니다. 그런데 문득 정말 그게 가능할까 하는 회의감이 밀려왔어요."

꿈은 클수록 좋다지만, 사실 큰 꿈은 그 크기만큼이나 묵직한 무게도 가지고 있다. 그래서 꿈으로 향하는 길이 순탄하고 즐거운 것만은 아니다. 멀고 힘들고 어렵기에 다들 간절히 그것을 품는 것일 테다. 그래서 때론 그 과정에서 막막하기도 하고, 포기하고 싶기도 하다. 초심이 흔들리기 때문이다. 힘든 것도 알고, 시간이 걸릴 것도 알고 떠난 길이지만 막상 힘겨움과 지루함이 나를 덮치니 애초의 각오나 다짐은 저만치 밀려나는 것이다.

나는 약해지는 마음을 붙들고 직원들의 초심을 되찾아주기 위해 매주 합창단 모임을 통해 그들과 함께 노래를 부르며 마음을 모은다. 그뿐만 아니다. ㈜보하라는 한 달에 한 번 '소보로(소통하는 보하라로)'라는 모임을 통해 구성원들 간의 소통과 화합을 도모하고, 서로의 꿈에 대한 이해와 격려로 진정한 성장을 추구한다. 또한 새로운 한 달을 열며 ㈜보하라에 처음 몸담았던 그때의 초심을 떠올려보는 시간을 갖는다. 매달 이런 의식을 가지다 보면 초심은 어느새 뒷심까지 이어지게 될 것이고, 그러는 사이 많은 이들이 자신의 목표를 이루고 꿈을 성취해갈 것이기 때문이다.

'소보로' 모임은 그 취지에 걸맞게 모두에게 힘이 되는 노래를 함께 부르며 시작을 한다. 그 대표적인 것이 SES의 〈달리기〉라는 노래이다. 노랫말 한 구절 한 구절이 가슴을 두드리며, 조금 더 힘을 내라고 격려하는 듯해 선택한 곡이다.

지겨운가요 힘든가요 숨이 턱까지 찼나요
할 수 없죠 어차피 시작해버린 것을

쏟아지는 햇살 속에 입이 바싹 말라와도
할 수 없죠 창피하게 멈춰 설 순 없으니

단 한 가지 약속은 틀림없이 끝이 있다는 것

끝난 뒤엔 지겨울 만큼

오랫동안 쉴 수 있다는 것

직원들과 함께 이 노래를 부르고 있노라면 17년 전 내가 처음 감자탕 장사를 시작했을 때가 떠올라 가슴이 뛴다. 숨이 턱까지 차올라도 결코 멈출 수 없었던, 오히려 '조금 더!'를 외치며 스스로에게 채찍을 휘두르던 시간들이었다. 힘들었던 그 시간을 초심을 지키며 잘 견뎌왔던 덕분에 이젠 누군가를 응원하고 격려할 수 있을 정도의 힘과 여유가 생겼다.

마음먹기는 쉽다. 하지만 그 마음을 유지하고 지키는 것은 힘들고 어렵다. 게다가 시간도 많이 걸려 지루하고 지겹기까지 하다. 그러는 동안 열정적이었던 그 마음이 식고, 단단했던 각오가 느슨해진다. 그럼에도 늘 주기적으로 기름칠을 해줘 기계의 녹슮을 막아주듯이 다양한 장치들로 초심을 유지하고 끝까지 갈 수 있도록 애써야 한다. 그 힘들고 어렵고, 지루한 것을 해낸 보상으로 우리는 간절히 바라던 목표와 꿈을 성취할 수 있을 테니 말이다.

3부

진정성에
남다른 스킬을 더하라

◆

남다름의 출발은 기교가 아닌 진정성

뚝배기에 섹시함을 더하다

"당신을 위한 묘약을 준비했습니다."

감자탕 아재, 켄터키 할아버지와 맞장 뜨다

따뜻한 시선으로 트렌드를 읽다

날 좀 보소, 날 좀 보소

남다름의 출발은
기교가 아닌 진정성

"우와! 우와!"

내가 생각하는 최고의 고객 찬사이다. '남다른감자탕'은 그 이름답게 모든 것에서 '남다름'을 추구하려 노력한다. 그런데 우리가 제아무리 "우린 남달라요."라고 홍보해도 고객이 "글쎄?"라며 고개를 갸웃한다면 그것은 진짜 남다른 게 아니다. 진정한 남다름은 고객이 먼저 그 남다름을 알아보며 "우와!"라는 감탄사를 터뜨리는 것이다. 남다르게 맛있어요, 남다르게 친절해요, 남다르게 편안해요, 남다르게 편리해요 등 '남다른감자탕'을 체험하는 동안 모든 것이 남달라야 한다.

　"오호! 이 집 정말 남다른데?"

　"그래서 상호도 남다른감자탕이잖아."

처음 우리 매장을 방문하는 고객들의 반응은 거의 비슷하다. 여느 감자탕 점포와는 다른 현대적인 카페식 인테리어를 보며 "오, 좀 남다른데!"라고 말한다. 그리곤 각 테이블마다 설치된 전기인덕션을 보고는 고개를 끄덕인다. 타 매장에서 주로 사용하는 가스스토브의 위험성을 잘 알기에 고객을 위한 남다른감자탕의 세심한 배려가 느껴진 것이다.

지금에야 전기인덕션을 사용하는 곳이 점점 늘고 있지만 우리가 그것을 처음 사용했던 2006년만 해도, 그야말로 파격적인 시도였다. 단가도 가스스토브에 비해 10배 이상이나 비쌌고, 에너지 비용도 더 비쌌다.

"우와! 우와!"

최고의 감탄사는 대부분 음식이 나왔을 때 터져 나온다. 푸짐한 양, 고기와 채소 등의 조화로운 비주얼도 남다르지만 무엇보다 국물과 고기의 맛을 확인하는 순간, 고객들은 "우와!"라는 최고의 감탄사로 우리의 정성을 칭찬해주신다.

남다른감자탕의 메뉴들은 맛은 물론이고 그 이름도 남다르다. 대표적인 메뉴인 '남자탕'을 비롯해 '본좌탕', '남자와 함께라면', '본좌뼈전골', '활력보감뼈전골', '바다싸나이', '여신뼈찜', '미남고로케' 등 재미와 흥미를 유발하는 이름들이 대부분이다. 음식에 들어가는 재료들 또한 달팽이, 초고버섯과 같은 귀한 재료가 쓰이는 것은 물론이고, 청경채, 고구마, 콩나물, 파채와 같이 다양한 맛과 식감을 살리는 재료들을 아끼지 않고 넣는다. 또 주 재료인 돼지 뼈 또한 단가가 비싸더라도 살이 푸짐한 목뼈를 사용하고 있으며, 육수 역시 진피, 갈근, 산사, 구기자 등 한의사로부터 검증받은 10여 가지의 건강한 한약재를 넣어 우려내고 있다.

한두 가지 정도가 남과 달라서는 결코 남다르다는 말을 들을 수 없다. 그저 독특하고 특이할 뿐이다. 그리고 그 특이함은 금세 익숙해져 평범함으로 다가온다. 하나부터 열까지, 모든 것이 달라야만 비로소 '남다른'이란 수식어를 얻게 된다. 그래서 나는 오늘의 남다름을 뛰어넘는 내일의 남다름을 구하기 위해 늘 "왜?", "어떻게?"와 같은 질문들을 놓지 않는다.

따라 하기, 흉내 내기는 버려라! 우리는 남다르게 간다

2006년 ㈜보하라가 '감자탕보하라'라는 대표브랜드와 함께 세상에 태어났다. 하지만 멋지게 성장하리란 기대와 달리 몇 년간 성장이 멈춘 채 제자리걸음만 하고 있었다. ㈜보하라의 터전이 대구경북지역이라 내가 지난 3년간 키워두었던 A 브랜드 가맹점들과의 경쟁을 피할 수 없었다.

대의를 품고 탄생시킨 '감자탕보하라'는 내가 친자식처럼 키운 A 브랜드와 비교할 때 별다른 차별점이 없었다. 경쟁자가 될 줄도 모르고 A 브랜드를 너무 잘 가르치고 성장시켜둔 것이다. 물론 A 브랜드의 대구경북 가맹점들을 성심껏 키운 것에 대한 후회는 없다. 다시 하라고 해도 나는 그때처럼 진심과 열정을 다해 가맹점들을 키웠을 것이다.

"지금도 훌륭하지만 더 훌륭해야 합니다. 수많은 감자탕 브랜드 중 우리를 선택하게 할 그 무언가를 반드시 찾아야 합니다!"

우리의 감자탕이 경쟁업체와 큰 차별점이 없다는 것을 인정한 이상 변화와 개선이 시급했다. 혁신적인 브랜드 리뉴얼을 통해 경쟁업체들, 선발업체들과의 차별화를 이루어내고 경쟁력을 갖추는 것이 우선 과제로 주어졌다. 맛이나 서비스는 물론 가맹점을 이끌어가는 프랜차이즈 시스템까지 모든 것이 기존업체들보다 더 나으면서도 남달라야 했다.

맛과 서비스, 인테리어, 물류시스템 등을 개선하기 위한 노력과 동시에 새로운 브랜드명을 고민했다. '보하라'는 '몸을 보한다'는 좋은 의미를 담고 있었지만 새로운 각오로 다시 시작하는 만큼 브랜드명을 바꾸는 등의 상징적인 변화가 필요했다. 그리고 ㈜보하라의 더 큰 성장을 기대하며 회사명과 감자탕 브랜드명을 애초부터 분리시킬 필요도 있었다.

직원들과 함께 야근까지 불사하며 획기적인 변화를 모색하던 어느 날이었다. 그날도 나는 외근에서 돌아오는 길에 야근 중인 직원들이 출출할 것 같아 간식거리를 사들고 왔다.

"우와! 이 떡볶이 정말 남다르지 않아요?"

"그러게. 정말 남다르네."

직원들끼리 떡볶이를 먹으며 대화를 나누는데, 일순간 '남다르다'는 단어가 내 뇌리에 강렬하게 꽂혔다. 그동안 아련하게 이미지로만 맴돌던 나의 생각을 하나로 정리해주는, 그야말로 최고의 단어를 만난 느낌이었다. 순간, 나는 무릎을 내리쳤다. 얼마나 세게 내리쳤는지 온몸이 얼얼할 정도였다.

"잠깐, 지금 뭐라고 했어?"

"아, 여기 떡볶이가 남달라요. 양념도 정말 남다르고, 떡도 식감이 남달라요."

"그럼 우리 브랜드명으로 남다른감자탕은 어떨까?"

'남다르다'는 단어도 무척이나 매력적인데다 남다른감자탕을 줄인 '남자탕'도 아주 강렬하게 와 닿았다.

"오! 그거 너무 좋아요!"

"완전 대박!"

나는 물론이고 직원들도 모두 '남다른'이란 단어에 첫눈에 반해버렸다. 그렇게 '남다른감자탕'은 ㈜보하라를 대표하는 브랜드가 됐다. 그날 이후 우리는 남다른감자탕! 그 이름만큼이나 남다른 맛과 남다른 서비스, 남다른 인테리어와 프랜차이즈 시스템을 구축하기 위해 모두의 마음과 땀, 그리고 지혜와 열정을 모았다.

이후부터 '남다른'이란 단어는 내 삶의 중요한 가치이자 철학이 됐다. 사람은 누구나 소중한 것을 지키고 간절히 바라던 꿈을 이루고, 그리하여 행복한 삶을 살기 바란다. 이것을 위해 필요한 것이 바로 '남다름'이다. 남다르게 생각하고, 남다르게 행동하고, 남다르게 노력해야만 그것들을 이루고 얻을 수 있다. 남과 같은 생각과 행동 그리고 딱 그 정도의 노력으론 바라던 것을 얻기 힘들고, 얻더라도 지키기 힘들다.

앞서 말했듯이, ㈜보하라는 대표 브랜드인 '남다른감자탕'이라는 그 이름만큼 남다름을 추구하는 브랜드이다. 하지만 그 남다름에도 분명한 기준이 있다. 바로 '고객을 위하는 마음'이다. 사실 톡톡 튀는 기발한 아이디어는 무궁무진하다. 하지만 그것이 고객을 위한 것이 아니라면 결국엔 외면받고 만다. 심지어 "아무리 남다르다지만 이건 너무 한 거 아니냐?"는 고객의 평가는 평범한 길을 걷느니만 못한 결과를 가져온다.

장사의 기본은 '진정성'이다. 제품과 서비스의 남다름도 진정성이 있을 때라야 비로소 그 가치를 인정받는다. 진정성 없는 남다름은 그저 기교일 뿐이다. 조선시대 거상 임상옥의 삶이 담긴 〈상도〉라는 책에는 '이문을 남기는 것은 작은 장사요, 사람을 남기는 것은 큰 장사'라는 가르침이 담겨 있다. 당장 눈앞의 이익을 탐하며 정직하지 못한 장사를 하는 사람은 결국 장사치에 머물 뿐이다. 큰 장사꾼이 되고, 더나아가 사업가가 되기 위해서는 나의 이익이 아닌 고객의 이익을 위하고, 나와 함께 일하는 사람들의 이익을 먼저 챙겨야 한다. 이를 위해 필요한 것이 진정성이다.

뚝배기에
섹시함을 더하다

"여긴 남자들만 오는 곳인가요? 여자들은 오면 안 돼요?"

감자탕은 남자 이미지가 강한 음식이다. 게다가 우리는 브랜드명까지 '男다른감子탕'이라 표기하고, 줄여서 '男子탕'이라고 하니 초기엔 그런 선입견이 아주 강했다. 게다가 '男子'라는 강렬한 이미지는 장점으로 작용할 수도 있지만 자칫 여성고객의 외면을 받을 위험도 있었다.

"천만에요. 여성고객님들은 더욱 남다르게 환영합니다."

우리는 쉽게 간과할 수 있는 생각과 강한 선입견까지 뛰어넘을 수 있는 남다른 전략을 이미 준비해두었다. 긴가민가하며 매장 안으로 들어온 후 그제야 여성 고객들은 고개를 끄덕인다. 현대적인 느찜의 깔끔한 카페식 인테리어가 여성고객의 마음을 뺏기에 충분하기 때문이다.

강한 남자를 상징하는 남다른감자탕이지만 사실 브랜드 리뉴얼 단계부터 여성을 남성 못지않은 주 고객으로 설정해두었다. 남자들은 웬만해선 몸에 좋은 음식을 찾아다니지 않는다. 남자를 리드하며 몸을 챙겨주는 사람은 다름 아닌 여자다. 게다가 음식점에 식사를 하러 오는 분들의 상당수가 가족이나 연인, 직장동료들이라 남성과 여성이 함께 할 수밖에 없다. 그러니 당연히 여성고객도 매력을 느낄만한 것들로 준비해두어야 했다.

"여자들을 위한 메뉴는 없나요?"

"당연히 있습니다. 저희 매장의 모든 메뉴가 여성분들의 몸에도 좋습니다. 그중에서도 특히 여성분들께 특화된 메뉴를 권해드리자면 여신뼈찜, 치토스감자탕 등이 있습니다."

"품! 여신뼈찜? 그건 여신들만 먹는 음식 아닌가요?"

"그래서 두 분께 여신뼈찜을 적극 권해드립니다."

"좋아요. 우리 여신뼈찜 주세요. 여신이 여신뼈찜을 먹어주는 건 당연한 거죠. 호호."

재미있는 말장난과 같은 대화를 나누는 것은 남다른감자탕에서는 흔히 볼 수 있는 장면이다. 대놓고 '남자'를 외치는 감자탕 점포에 의외로 여성들을 위한 특화된 메뉴가 있다는 것이 신기하고 재미있게 다가오는 것이다.

정직과 열정으로 뚝배기에 진심을 담았다면 이젠 숨어 있는 1인치를 찾아 섹시함, 즉 남다름을 더해야 한다. 이런 남다른 아이디어들은 사실 대단한 고민이나 연구 끝에 나오는 것이 아니다. 그저 상대의 입장이 되어 그가 바라는 것이 무엇인지를 곰곰이 생각하다 보면 필요한 것이 보인다. 그러면 그것을 더욱 적극적으로 구현하면 된다.

개중에는 시간이 걸리고 비용이 드는 것도 있겠지만 그것이 고객을 위한 것이라면 해야 한다. 생각해보라. 더 건강한 물을 제공할 수 있는 아이디어가 있는데 돈이 든다는 이유로, 관리가 귀찮다는 이유로 하지 않는다면 결코 남달라질 수 없다.

당신을 위해 준비했습니다!

2010년 10월 10일, ㈜보하라는 브랜드 리뉴얼을 마치고 예전과는 다른 새로운 모습으로 직영점인 대구수성점을 오픈했다. 기존의 '감자탕 보하라'에서 '남다른감자탕'으로 대표 브랜드명도 바꾸고 오랜 연구 끝에 남다른 메뉴들도 개발했다. 또한 주방을 획기적으로 축소해 전체 매장의 규모를 절반 가까이 줄였다. 30억 원이란 거금을 들여 최신 설비와 혁신적인 공법을 갖춰 전처리 과정을 본사가 책임을 진 덕분에 가맹점의 효율성이 더욱 높아진 것이다.

대구수성점을 오픈하며 남다른 혁신을 시도한 것은 주방뿐만이 아니었다. 천편일률적이던 기존의 감자탕 매장과는 확연히 차별화되도록 매장을 카페처럼 깔끔하고 모던한 스타일로 꾸몄다. 실제로 개점 초기엔 고객들이 매장에 들어와선 카페가 아닌가하며 두리번거리기도 했다.

브랜드 리뉴얼 기간 동안 우리의 고민과 연구는 철저히 가맹점과 고객의 입장에서 이루어졌다. 그리고 기존의 성공방식을 흉내 내고 따라 하는 것이 아닌 시대의 변화와 트렌드를 읽고 우리만의 남다른 방식을 창조해냈다.

2010년 당시에도 '웰빙'과 '힐링'이 외식문화의 트렌드인 데다가 여성이 가정경제의 소비주체로 떠오르고 있었다. 가족끼리 밥을 먹으러 와도 가정경제를 관리하는 아내가 지갑을 열어 계산을 했다. 돈은 남자가 벌어와도 소비의 주체이자 결정권은 여성에게 있었다.

나는 이러한 트렌드를 깔끔한 카페식 인테리어와 몸을 보하는 메뉴 등에 적극 반영했다. 표면적으론 '남자탕'이라 하여 남성고객을 타깃으로 하지만 그 내면은 가족의 건강에 관심이 높은 여성고객을 타깃으로 둔 것이다. '남자는 힘!', '남자를 위한 감자탕'이라는 것을 대놓고 내세우지만 이것은 오히려 여성들의 호기심을 자극하는 효과가 있었다. 앞서 말했듯, 여성 고객들이 "여긴 남자들만 오는 곳인가요?", "여자들은 오면 안 돼요?", "여자들을 위한 메뉴는 없나요?" 와 같이 호기심을 보이는 것이다. 실제로 브랜드 리뉴얼을 통해 남다른감자탕이 출점한 이후 기존 매장에 비해 여성고객이 40~50% 가량 증가했다.

남다른 메뉴와 인테리어, 남다른 서비스 등은 고객의 발길을 사로잡는 것은 물론이고 입소문 효과까지 가져와 가맹문의가 쇄도했다.

게다가 힘든 전처리 조리과정을 본사가 책임지는 데다 기존 감자탕 평수보다 절반의 규모와 비용으로 창업할 수 있으니 순풍에 돛을 단 듯 줄이어 가맹점이 개설됐다. 뚝배기 같은 진심의 온도를 유지하며 남다른 섹시함까지 담은 덕분이었다.

"남다른감자탕 방석은 어디서 구할 수 있어요?"

홈페이지 게시판을 비롯해 유명 포털사이트에 이와 같은 질문이 올라온 적이 있다. 이때 누군가가 포털사이트에 "매장에서 몰래 훔쳐가세요."란 답글을 달기도 했다. 그 내막을 모르면 다소 황당한 질문과 답일 수 있다. 하지만 남다른감자탕의 방석을 직접 경험해보면 왜 이런 문의를 했는지 고개를 끄덕이게 된다.

남다른감자탕의 전 매장에 사용되는 방석은 여느 음식점에서 사용되는 얇고 편평한 모양이 아니다. 도톰하면서도 인체의 선을 따라 엉덩이와 다리 부분이 오목하게 패여 있는 방석이다. 인체공학적으로 설계해 오래 앉아 있어도 편안함이 지속되도록 만들었다. 그덕분에 그 편안함이 정말 남다르다. 테이블 회전율을 높이기 위해 일부러 의자를 딱딱하게 만드는 얄팍한 상술과는 비교할 수 없는, 남다른 진심만이 찾을 수 있는 아이디어였다.

방석은 시작에 불과하다. 남다른감자탕은 매장을 들어서는 순간 너무나 많은, 남다른 것들과 만나게 된다. 고객들에게 제공되는 물도 그냥 정수가 아니다. 테이블에 제공되는 물통에는 맥반석을 넣어 산소함량을 증가시킨 정수가 들어 있다. 신체 활력의 증진을 돕는 등 고객의 건강에 도움이 되기에 선택한 남다른 물이다. 청결함을 유지하기 위해 맥반석을 수시로 끓는 물에 소독해야 하지만 그 정도 수고는 당연한 것으로 받아들인다.

어디 그뿐인가. 대부분의 감자탕 점포에서는 '뼈찜' 메뉴를 만들 때 인공색소인 카라멜 색소를 사용한다. 하지만 ㈜보하라는 단가가 10배나 높은 천연색소 '카카오분말'을 사용한다. 건강하자고 먹는 음식에 몸에 나쁜 재료를 넣을 수는 없기 때문이다.

한편 그릇도 2003년부터 도자기를 사용해 음식의 맛과 신선도를 유지하고 건강까지 보한다. 게다가 그 정갈함은 고객을 귀하게 모시는 마음이 그대로 표현된다고 해도 과언이 아니다. 비용도 몇 배이고, 관리하기도 힘들지만 창업 초기부터 도자기그릇을 고수하는 것은 그만큼 고객의 만족감이 크기 때문이다.

이처럼 남다른감자탕은 메뉴는 물론이고 조리법, 음식의 재료, 고객서비스 하나하나가 남다르다. 그러다보니 남다른감자탕을 경험한 고객이나 취재를 나온 기자들은 "어디서 그런 남다른 아이디어가 나오느냐?"며 무척 궁금해 한다.

"남다른 아이디어는 똑똑한 머리가 아닌 마음, 그리고 부지런한 두 발에서 나온답니다."

단순히 이전의 것과 다르다고 해서 그것이 남다른 것이 되는 것은 아니다. 아무리 기발한 아이디어라도 소비자에 대한 이해와 배려가 담겨 있지 않다면 아무짝에도 쓸모없는 것이 되고 만다. 더 맛있는 것, 더 편안한 것, 더 건강한 것을 찾으려는 소비자의 욕구를 제대로 담아내야 진정한 차별화가 가능하다.

이처럼 남다름의 시작은 다름 아닌 바로 '고객'이다. 그리고 남다름의 완성은 두 발로 부지런히 뛰는 '노력'에 의해 이루어진다. 기발한 아이디어가 떠올라도 현실로 구현해내지 않는다면 그것은 그저 이상이나 바람에 머물고 만다. 반면 완성되지 않은 어설픈 아이디어도 직접 발로 뛰며 연구하고 실험하면서 반드시 구현해내면 그게 곧 남다른 것이 된다. 노력의 과정에서 분명 더 나은 것을 찾을 테니 지금까지와는 다른, 남다른 것이 탄생되는 것이다.

메뉴, 단 하나도 허투루 하지 않는다

"기존 감자탕 점포들과 차별화되기 위해선 무엇보다도 남다른 메뉴들을 만들어야 합니다. 그래야 진짜 남다른 감자탕이 될 수 있습니다."

감자탕 점포의 본질은 누가 뭐래도 '감자탕', 즉 판매하는 음식이다. 남다른 것도 좋지만 본질에 충실하지 않은 겉치레에 요란하다면 이 역시 진정성이 없는 행위이다. 남다른 감자탕이 되기 위해선 제공되는 음식부터 남달라야 하고, 반드시 그 안엔 고객을 향한 진심을 담아야 했다.

"그럼 뼈해장국부터 시작해볼까요?"

나는 직원들에게 감자탕 점포에서 가장 많이 팔리는 메뉴 중 하나인 뼈해장국부터 연구해 보자고 했다.

"기존 뼈해장국들과 달리 차별화된 남다른 뼈해장국을 만든다면 이름을 무엇으로 해야 할까요?"

우선 이름부터 정해두고, 그 이름에 꼭 맞는 재료들을 배합해보기로 했다. 각 메뉴의 정체성부터 정하고 식재료와 조리법을 연구하기로 한 것이다.

"음, 우리 브랜드가 힘차고 강한 남자의 이미지를 가졌으니 '본좌탕'이란 이름은 어떨까요?"

이런 저런 논의 끝에 직원 중 한 명이 '본좌탕'이라는 이름을 생각해냈다. 뜻을 찾아보니 딱 내 마음에 와 닿았다. 원래는 특정 분야에서 '최고'라는 뜻을 가진 단어인데, 신세대들 사이엔 자신을 높여 부르는 말로 사용되고 있다고 했다.

"너무 멋진데요? 스스로를 최고라 여기고 귀하게 여기니 음식 또한 자신의 건강을 위해 챙겨먹는 거군요."

"오! 정말 우리의 의도와 잘 맞는 이름이에요!"

그렇게 직원들의 만장일치로 '본좌탕'이라는 뼈해장국의 남다른 이름이 결정됐다.

"자, 이젠 본좌탕이란 이름에 걸맞은 건강한 식재료를 찾아봅시다. 다른 경쟁업체에선 사용하지 않는 남다르고 귀한 것이어야 합니다."

그날부터 우리는 '본좌탕'이란 이름에 어울리는 귀하고 건강한, 그리고 남다른 식재료를 찾기 시작했다. 그러다 눈에 들어온 것이 다름 아닌 '달팽이'였다. 달팽이는 세계 3대 식재료 중 하나로, 프랑스를 비롯한 유럽에서 고급요리에 사용되는 식재료였다. 게다가 '밤을 위한 요리'로 알려질 만큼 기력보강에 뛰어난 식재료라 남자의 강한 이미지와도 잘 맞았다. 물론 피부미용을 위한 성분도 풍부해 여성고객에도 더없이 좋은 식재료였다.

"전국을 다 뒤져서라도 반드시 찾아내야 합니다!"

본좌탕을 빛내줄 남다른 재료로 달팽이가 결정됐다. 하지만 정작 식용달팽이를 생산하고 납품하는 곳을 찾으려니 도통 찾아지질 않았다. 속이 탈대로 타들어갈 즈음에 다시 승전보가 들려왔다.

"찾았습니다! 찾았어요!"

전국 방방곡곡을 다니며 발품을 판 덕분에 마침내 식용달팽이를 키우는 곳을 알아냈다. 재료까지 구했으니 이젠 조리법을 연구해 최고의 맛을 구현해 내면 된다. 연구 과정에서 시행착오도 많았고, 시간도 제법 걸렸지만 포기하지 않았다.

좌충우돌을 거듭하며 조리법까지 연구해냈지만 단가도 풀어야 할 숙제로 남아 있었다. 달팽이의 원형을 살려 통으로 넣으니 끓고 난 후 그 모양새가 줄어들어 볼품이 없었다. 그렇다고 해서 고가의 식재료를 몇 개씩이나 넣으면 음식의 판매가가 올라가니 난감하기 그지없었다. 그래서 아예 갈아서 넣어보기로 했다.

"여기 정말 달팽이 들어간 거 맞아요?"

"달팽이는 보이지도 않잖아요!"

예상대로 고객들의 항의가 이어졌다. 달팽이를 눈으로 직접 확인할 수 없으니 긴가민가한 것이다. 우리는 또 한 번 머리를 맞댔다. 맛과 영양도 지키면서 고객의 불만도 해결해주어야 하고, 제품의 가격도 유지해주어야 했다. 궁리 끝에 우리는 육수에는 달팽이를 갈아 넣어 진국을 우려내고, 토핑에 각종 채소와 함께 달팽이를 통째로 하나 올려 시각적인 만족감을 보완하기로 했다.

"우와! 이 달팽이 좀 봐. 보기만 해도 힘이 솟는 것 같아."

"우와! 국물도 정말 진하고 맛있는데!"

마침내 고객의 입에선 기다리고 기다리던, "우와!"가 터져 나왔다. 그제야 나는 안도의 한숨을 내쉬었다.

남다른감자탕의 메뉴들은 대부분 '본좌탕'과 비슷한 스토리로 탄생됐다. 남다른 이름을 찾고, 그 이름에 걸맞은 재료를 찾아 최고의 맛을 구현하기 위해 온힘을 다했다. 그리고 고객의 냉철한 평가까지 겸허히 수렴하여 수정과 보완의 단계도 거쳐 왔다. 길고 힘든 여정이지만 고객에게 만족감을 주지 못하면 결코 선택받을 수 없다는 것을 알기에 당연히 해야 할 일이었다.

"당신을 위한 묘약을
준비했습니다."

"이젠 신비의 묘약을 넣어드리겠습니다."

"네? 신비의 묘약이요?"

"네. 산수유, 구기자, 복분자가 들어간 효소 엑기스에요. 이걸 넣으면 백 배, 천 배는 더 힘이 난답니다. 이건 우리만 가지고 있는, 며느리도 모르는 묘약입니다."

"하하. 정말이요?"

고객들의 호기심이 최고조에 달하면 직원이 호리병에 담긴 특제 소스를 음식에 뿌려준다.

"오호! 이게 신비의 묘약인 모양이죠?"

호리병의 띠엔 묘약을 뜻하는 '妙(묘)'자를 써두었는데, 그 매듭을

풀고 음식에 소스를 넣어주면 고객들은 그 섬세함에 감탄을 쏟아낸다. 정성들여 제품을 준비하는 것 못지않게 중요한 것이 그것을 얼마나 효과적으로 알리느냐이다. 그래서 나는 항상 직원들에게 '말반찬'을 준비하라고 강조한다.

김치 한 쪽을 내어놓더라도 그것이 어떤 김치인지 스토리를 만들고, 그것을 고객에게 전하는 것이다. 물론 일일이 밑반찬 하나하나에 그런 말반찬을 더할 여건이 주어지는 것은 아니다. 무엇보다도 그런 지나친 친절을 고객이 원하지 않는다. 그래서 절충한 것이, 최소한 메인 메뉴를 권할 때는 말반찬을 더해보자는 것이었다.

"뭘 먹지? 오늘 거래처와 계약 때문에 진을 다 뺐더니 기운이 하나도 없네."

"제가 메뉴를 추천해드려도 될까요?"

특히 처음 온 고객이나 기존 고객 중에서도 선뜻 메뉴를 고르지 못하는 고객에게 잊지 않고 말반찬을 꺼낸다.

"그래 주실래요?"

"저희 점포 음식이 모두 건강에 좋은 재료들을 사용하지만 특히 '활력보감뼈전골'은 이름처럼 몸에 활력을 불어넣고 힘이 불끈불끈 솟아나게 하는 감자탕이랍니다."

"오호, 도대체 뭐가 들어갔기에 그렇게 힘이 불끈불끈 솟아난대요?"

"우선 구기자, 복분자, 산수유 등 몸에 좋은 한약재를 듬뿍 넣어 오랜 시간 우려낸 진한 육수를 사용합니다. 그리고 여기에 항암 효과와 자양강장, 숙취해소에 도움이 되는 흑마늘, 수삼, 각종 희귀 버섯을 듬뿍 넣어 더욱 건강하게 끓여냅니다."

"하하! 말만 들어도 힘이 솟는 것 같네요. 그걸로 주세요."

말반찬의 효과는 생각보다 크다. 고객의 입장에선 만족스런 메뉴를 추천받으니 도움이 되고, 우리 입장에선 심혈을 기울여 준비한 메뉴를 고객에게 선보일 기회를 얻는 것이니 이 역시 큰 도움이 된다. 실제로 신메뉴의 경우 이런 말반찬을 통해 판매량이 한 달만에 1%대에서 20%대까지 껑충 뛰기도 했다.

정직하게 준비하고 당당하게 장사하라

"당당하게 장사합시다!"

나는 짬이 날 때마다 직원들에게 장사는 당당하게 하는 것이라 강조한다. 정성을 다해 고객을 모시는 서비스 마인드와는 별개로 내가 파는 제품과 내가 일하는 점포 그리고 나 자신에 대한 당당함이 항상 바탕에 깔려 있어야 하기 때문이다.

물론 막무가내식의 당당함은 비굴함보다 못하다. 당당함은 든든한 뒷배에서 나오는 것이고, 장사에 있어 든든한 뒷배란 양심을 다한 철저한 준비를 의미한다. 특히 음식장사의 경우, 건강한 재료로 최고의 맛을 내고, 위생적이고 청결한 매장에서 최선을 다하는 서비스로 고객을 모신다면 당당하지 못할 이유가 없다.

"하하. 직원분이 이렇게 큰 목소리로 자신 있게 권하니 왠지 그 메뉴를 꼭 먹어야 될 것 같은 느낌이 드는군요!"

"탁월한 선택이십니다. 절대 후회하지 않으실 겁니다."

당당함은 곧 내 브랜드와 음식에 대한 자신감을 의미한다. 내가 파는 제품에 자신이 있으니 고객에게 메뉴를 소개할 때도 큰 목소리로 당당하게 말할 수 있는 것이다. 남다른감자탕의 '신비의 묘약'이나 '말반찬' 역시 단순한 상술(商術)로 탄생된 아이디어가 아니다. 정성을 다한 음식의 준비와 그에 대한 확신이 없다면 절대 고객에게 권할 수 없다. 그래서 나는 직원들에게 자신이 확신을 가지는 메뉴를 고객에게 추천할 때도 항상 자신감을 가지고 당당하게 말하라고 한다.

"맛이 없으면 어떡해요?"

아주 가끔은, 직원의 적극적인 추천에도 여전히 고개를 갸우뚱하는 고객이 있다. 이럴 경우 나는 망설임 없이 "맛이 없으면 돈을 받지 않겠습니다."라고 말씀드리라고 한다. 그만큼 자신 있기 때문이다. 물론 그 책임은 대표인 내가 진다.

언젠가 한번은 국물까지 싹싹 비우고는 "맛이 없다"라며 돈을 내지 않은 고객이 있었다. 그 분을 제외하곤 지금까지 직원이 추천해드린 메뉴에 불만을 표현하신 고객은 없다.

자신 있게 제품을 준비했다면 적극적으로 알려야 한다. 그러기 위해선 우선 판매하는 사람이 제품에 대해 잘 알아야 한다. 제품에 대한 충분한 연구와 확신이 서야지만 비로소 고객에게 그것을 당당하게 권할 수 있기 때문이다.

나는 직영점을 새롭게 오픈할 때면 항상 매장의 전 직원들을 대상으로 메뉴 교육을 했다. 모든 메뉴의 레시피는 물론 베이스가 될 육수와 주요 재료 등을 본사에서 일괄적으로 공급한다지만 각 매장마다 음식 맛의 미묘한 차이는 나기 마련이다.

'나'를 만족시키지 못하는 제품은 고객도 만족시키지 못한다. 그래서 나는 주방과 홀에서 일하는 모든 직원이 만족하는 음식 맛이 나올 수 있도록 일정 기간 맹훈련을 했다. 기존의 메뉴는 물론 신메뉴 역시 모든 직원이 일관되게 그 맛을 낼 수 있도록 교육했다. 이를 위해 나는 아예 음식의 맛이 잡힐 때까지 직원들에게 일절 외부 음식을 식사로 제공하지 않았다.

"앞으로 한 달 동안 우리는 매 끼니를 우리 제품으로만 먹을 것입니다."

나는 함께 일할 직원들을 뽑을 때 미리 식사와 관련된 부분을 고지했고, 이에 응하지 않는 사람은 채용하지 않았다. 그리고 실제로 직영점 준비 기간 동안 직원들에게 제공되는 모든 끼니를 우리 제품으로만 제한했다.

내가 그렇게 했던 이유는 크게 세 가지인데, 첫 번째는 모든 직원이 제대로 된 음식 맛을 내게 하기 위해서다. 주방직원만 음식을 잘하면 되는 게 아니냐고 하겠지만, 나는 주방직원이 갑작스레 출근 하지 못할 경우에 대비해 언제든 홀직원이 주방으로 투입될 수 있게 했다. 그것이 우리가 고객에게 당당하기 위한 방법 중 하나였다. 우리의 사정은 고객에게 통하지 않는다. 그래서 그 어떤 경우에도 고객에게 피해가 가지 않도록, 모든 직원이 올라운드 플레이어가 될 수 있도록 철저히 훈련시켜두어야 한다. 그래야 당당하게 장사를 할 수 있다.

두 번째는 홀에서 일하는 직원들이 고객에게 우리가 만든 음식을 당당하게 추천할 수 있게 하기 위해서이다. 고객들 중엔 무엇을 달라고 명확하게 얘기하는 분들도 있지만 상당수는 무엇을 먹어야 할지 몰라 망설이는 경우가 많다. 이럴 때 직원은 가장 인기 있는 메뉴를 추천하거나 신메뉴로 개발된 음식을 추천해야 하는데, 사실상 홀 직원조차 그 맛에 확신이 서지 않으면 선뜻 추천하기가 망설여진다.

나는 그럴 경우 무조건 이것을 추천해야 한다며 강요하지 않는다. 오히려 그들 스스로 마음에 끌리는 음식을 추천할 수 있도록 모든 메뉴를 직접 먹어보고 평가하게 한다. 한 달 내내 우리 메뉴들만 먹다 보면 음식의 맛은 물론 고유의 장점까지 파악할 수 있어 고객의 취향에 맞는 메뉴를 추천할 수 있게 된다. 또 심혈을 기울여 출시한 신메뉴의 경우도 직원이 충분히 그 맛을 파악한 후라야 비로소 고객에게 당당히 그 음식을 추천할 수 있다.

내 안에서 우러나지 않는 마음은 상대에게도 전해지기 힘들다. 그렇기 때문에 고객을 만족시키고 감동시키기 위해선 먼저 '나' 자신부터 만족시키고 감동시켜야 한다. 내가 판매하는 제품에 대한 확신도 마찬가지다. 내가 먼저 만족해야 비로소 고객에게 당당히 권할 수 있다.

감자탕 아재,
켄터키 할아버지와 맞장 뜨다

"푸하하! 이 분, 아까 그 매장 입구의 캐릭터?"

"어? 정말 그러네. 근데 실물이 더 나으세요. 하하."

매장을 찾은 고객들이 매장 입구에 세워진 '마초리'와 나를 번갈아 쳐다보며 재미있다는 표정을 짓는다. 마초리와 나의 높은 싱크로율은 결국 고객들의 웃음보를 터뜨린다.

'마초리(macho-Lee)'는 전국의 모든 남다른감자탕 매장 앞에 있는 캐릭터상이다. '마초리'는 한눈에 보기에도 뚝심 좋은 '상남자'의 느낌을 풍기고 있다. 마초(macho)는 영어로 '늠름한', 그리고 스페인어로는 '터프가이'란 뜻을 가지고 있는데, 여기에 나의 성씨인 리(Lee)를 붙여 이름을 완성했다.

남다른감자탕 매장의 캐릭터 '마초리'는 조금이라도 고객의 시선을 붙들고자 하는 나의 열망에서 탄생했다. 많은 사람들이 창업을 하더라도 자신의 사업/브랜드를 상징하는 캐릭터까지 만들지는 않는다. 그러나 나는 우리 브랜드를 리뉴얼하는 기간 동안 고객에게 어떻게 우리를 각인시킬 것인지를 고민했고, 우리가 추구하는 힘차고 열정적인 남자, 정직하고 당당한 남자, 뚝심 있고 책임감 있는 남자를 상징하는 캐릭터를 만들면 좋겠다는 생각이 들었다. 사람의 뇌는 이미지를 잘 기억하기 때문에 우리가 각인시키고 싶은 것을 명확한 이미지로 형상화하면 효과가 클 것 같았다.

"남다른감자탕을 상징하는 캐릭터를 하나 만드는 건 어떨까? KFC 할아버지 같은 대표 캐릭터를 만들어서 홍보물 등에도 넣고, 캐릭터 상을 만들어서 매장 입구에도 세워두는 거지."

"글쎄요. 그게….."

직원들은 우리가 KFC만큼 유명한 브랜드도 아닌데 돈을 들이면서까지 굳이 그런 것을 할 필요가 있느냐고 했다.

"KFC는 되는데 왜 우린 하면 안 돼요? 우리가 그들보다 유명하지 않아서요?"

"감자탕만 맛있게, 정직하게 끓여내면 되지 않을까요? 그러면 결국 고객도 우리를 찾지 않을까요?"

"맛이 좋고 양을 푸짐하게 준다고 해서 성공할 수 있는 시대는 끝났어요. 좋은 재료로 맛있게 음식을 만들어서 착한 가격으로 푸짐하게 대접하는 것은 이제 기본이 됐어요. 세련된 인테리어, 편안한 서비스, 경험을 통한 즐거움까지 이젠 고객들이 바라는 모든 요소들을 만족시켜주는 식당이 되어야지만 성공할 수 있답니다."

내 설명에 직원들은 조용히 고개를 끄덕였다. 시각적인 즐거움은 물론이고, 우리 브랜드의 정체성을 각인시키는 데에 캐릭터가 아주 효과가 클 것임을 깨달은 것이다. 우리는 즉시 디자인 업체에 캐릭터를 의뢰했고, 이후 여러 번의 수정을 거쳐 완성된 마초리는 결국 나를 꼭 닮은 모습으로 세상에 태어났다. 핏줄이 선명하게 드러나는 굵은 팔뚝을 자랑하는 마초리는 "나만 믿어!"라는 든든한 리더십의 상징이자, 누구에게도 부끄럽지 않을 당당함, 그 당당함의 바탕인 정직함을 온몸으로 표현하고 있다. 외모도 그렇지만, 정직한 음식으로 고객에게 건강과 힘을 찾아주고, 모든 가맹점들의 수호신이 되어 그들을 든든히 지켜주고 싶은 내 열정을 그대로 담았다.

눈이 아닌 마음을 끌어라

"우와! 마초리 캐릭터가 대표님을 점점 닮아가고 있어요!"

"그러게요. 정말 신기하네요. 하하."

마초리는 처음부터 나를 모델로 만든 캐릭터는 아니었다. 앞서 말했듯이 우리 브랜드가 추구하는 정직과 열정, 뚝심과 당당함 등을 잘 표현하는 캐릭터를 만들자며 몇 차례의 수정을 거치다 보니 어쩐 일인지 점점 나를 닮아가고 있었다.

"아예 대표님을 모델로 해서 캐릭터를 만드는 건 어떨까요? 회사명이나 제품에 대표의 이름과 사진을 넣는 기업도 있잖아요. 우린 대표님을 캐릭터로 만들어서 점포 앞에 세워두는 거죠."

"그거 좋은 생각이네요! 회사의 대표가 당당히 그 모습을 드러낸 회사인 만큼 가맹점이나 고객의 신뢰도 커질 테고 그만큼 우리의 책임감도 남달라지겠군요."

그렇게 나를 꼭 닮은 캐릭터상인 마초리가 탄생됐고, 이후 전국의 모든 남다른감자탕 매장 앞에서 마초리는 정직하고 열정적인 모습으로 고객을 맞고 있다. 겉으로 드러난 남다름보다 더 중요한 것이 그 안에 담긴 진정한 남다름이다. 나는 우리 브랜드에 담긴 남다른 정직과 열정을 당당하게 어필함으로써 진정성 있게 다가가고 싶었다.

'정직과 열정을 가장 소중하게 여기는 남자'

오래전부터 내 명함에 적혀 있는 문구이다. 언제가 직원들이 내 이름의 첫자를 따서 내게 "정직하고 열정적인 사람"이란 수식어를 붙여줬다. 나를 향한 최고의 평가이자 칭찬 같아 감사하기도 했지만 한편으론 강한 책임감도 느껴졌다. 이후로 나는 우리 회사 역시 가맹점과 고객, 그리고 직원들로부터 '정직하고 열정적인 기업'이란 평가를 받을 수 있도록 더욱 애쓰고 있다.

중소기업중앙회가 발간한 자료에 따르면 2014년을 기준으로, 국내 전체 사업체 중 중소기업이 차지하는 비율이 99.9%에 달했다. 중소기업 종사자 역시 전체 근로자의 87.9%를 차지했다. 이처럼 중소기업은 국가와 지역 경제의 근간이 되는 아주 중요한 기둥임에도 불구하고 어쩐 일인지 우리나라는 그 생명력이 100년을 가는 기업이 없다. 물론 원인을 기업 자체에서만 찾을 수는 없다. 중소기업이 살아남기엔 여전히 녹록하지 않은 경영 환경이니 말이다. 그럼에도 나는 더 노력해보자고 말하고 싶다.

나는 ㈜보하라가 100년 기업으로 성장하길 꿈꾼다. 그리고 분명 정직과 열정이 그 초석이 되리라 믿는다. 정직과 열정이 없는 사람은 꼼수나 거짓으로 쉽게 돈을 벌려고 한다. 기업도 마찬가지다. 만리를 가는 우직한 소의 걸음이 아닌 소위 말하는 한방을 노리며 무리한 확장과 시도를 한다. 그리고 그 과정에서의 피해가 함께 가던 파트너들과 고객들에게 되돌아가도 모른 척 외면한다. 자신의 배를 불리는 것이 우선이기 때문이다.

앞서 말했듯이, 마초리를 모든 가맹점 문 앞에 세워둔 것 역시 우리 기업의 핵심 가치인 '정직'과 '열정'을 적극적으로 표현하기 위해서다. 정직한 재료와 조리과정으로 건강한 음식을 만들고, 열정적으로 기업을 이끌며 고객에게 서비스하겠다는 약속이다. 더불어 마을 입구에서 우뚝 서서 주민들을 지키던 정승처럼 매장 문 앞에 우직하게 서서 고객의 건강과 가맹점의 성공을 돕겠다는 강한 의지도 담겨 있다.

㈜보하라는 캐릭터인 마초리의 건강한 팔뚝만큼이나 뚝심 있는 철학과 실행으로 그 의지를 지켜가고 있다. 가맹점의 성장과 성공을 돕기 위한 노력 중 하나로 우리는 새로운 메뉴나 시스템, 브랜드 등이 나왔을 때 반드시 일정 기간 동안 직영점을 통해 완벽한 검증 과

정을 거친다.

"남다른감자탕S의 가맹점을 내고 싶습니다."

"죄송합니다. 남다른감자탕S는 아직 검증 단계입니다. 완벽하게 수정하고 보완한 후 가맹점을 모집할 겁니다."

"그때까지 기다리겠습니다. 그러니 꼭 저희에게 연락을 주십시오."

2016년 7월, 혼밥매장 콘셉트로 '남다른감자탕S'가 새롭게 출점하자 초기부터 가맹문의가 쇄도했다. 홀로 식사를 하거나 술을 마시는 인구가 늘어난 데다 감자탕 업계로는 최초로, 게다가 누구도 흉내 낼 수 없을 정도의 남다른 메뉴와 시스템, 인테리어를 갖춘 덕분이다. 이어지는 가맹문의에도 불구하고 나는 1년 가까이 '남다른감자탕S'의 가맹점을 모집하지 않았다. 최소 사계절은 모두 겪어본 뒤에야 어느 정도의 수정과 보완을 마칠 수 있을 것 같았기 때문이다.

"남다른감자탕S의 가맹문의가 쇄도하는데 이제 그만 가맹점을 받아도 되지 않을까요?"

"아직은 안 됩니다. 여름에 출점했으니 내년 봄까지 사계절을 모두 겪어본 후에 가맹점을 내야 합니다."

"출점 이후 별다른 문제없이 잘 운영되고 있지 않습니까? 게다가 매출도 기대 이상이고요."

직원들은 남다른감자탕S가 순탄하게 운영되고 있으니 가맹점 개설을 계획보다 앞당기는 게 어떻겠느냐고 건의해왔다. 하지만 나는 내 뜻을 굽히지 않았다.

나는 스스로 만족할 만큼의 검증이 되지 않은 것은 결코 시장에 내놓지 않는다. 내가 만족할 수 없는데 어찌 그것을 돈을 받고 팔겠는가. 그것이 매장에서 판매되는 새로운 메뉴이든 시스템이든 새롭게 론칭된 브랜드이든, ㈜보하라의 이름을 달고 세상에 태어나는 모든 것들은 자체적인 검증이 끝나지 않고서는 결코 가맹점이나 고객에게 내어놓지 않는다. 그것이 내가 생각하는 최소한의 책임감이다.

초창기의 남다른감자탕은 매장의 평균 규모가 100평 이상이었다. 하지만 2010년 이후 시장의 변화를 감지하고 운영의 효율화를 위해 대대적인 변화를 꾀했다. 뼈와 같은 주요 재료의 전처리 과정을 모두 본사가 책임짐으로써 주방의 규모를 절반 이하로 줄이고, 인건비 또한 절감하게 됐다. 그에 따라 매장의 규모도 50평 정도로 축소돼 새로 창업을 하는 가맹점주들의 비용적인 부담도 크게 줄어들었다.

이때도 나는 직영점을 최소 1년 이상 유지하며 사계절의 변화를 모두 겪어보았다. 이어지는 가맹점 문의에도 "기다려주십시오. 충분히 검증하고 보완한 뒤에 연락드리겠습니다."라며 내 소신을 전해드렸다. 빨리 가는 것보다 제대로 가는 것이 중요하다는 것, 그리고 무엇보다 책임질 수 없는 일은 애초에 하지 말아야 한다는 것을 너무나 잘 알고 있었기 때문이다.

이런 나의 노력 때문일까. 남다른감자탕은 감자탕 프랜차이즈 기업 중 가장 낮은 폐점률을 자랑한다. 나는 외식프랜차이즈 사업의 성공 척도는 가맹점 수가 아니라 개점한 가맹점의 폐점률에 있다고 생각한다. 500개의 가맹점을 개설해도 그중 절반이 폐점한다면 결코 성공한 것이 아니다. 하지만 100개의 가맹점을 개설해도 폐점한 곳이 없다면 그것이 곧 성공이다. 폐점하는 가맹점이 거의 없이 10년, 20년을 이어간다면 100년을 이어가지 말라는 법이 없지 않은가.

폐점률이 낮다는 것은 그만큼 점주가 해당 브랜드에 만족한다는 의미이다. 즉, 바라던 대로 매출이 나오고, 본사의 지원이 만족스러우며, 브랜드의 경쟁력을 인정한다는 것이다. 또한 고객 역시 남다른감자탕의 제품과 서비스에 만족한다는 의미이다. 정직과 열정으로 끓여낸 감자탕임을 알아주는 것이다.

손해는 떠안고 이익은 나눠라

"대표님, 큰일났습니다. 우거지 납품업자가 연락이 되지 않습니다. 아무래도 잠적한 것 같습니다."

"뭐라고요! 3개월치 물량 대금을 선입금을 받아놓곤 잠적이라니요!"

몇 년 전 오랜 한파로 인해 우거지 파동이 났을 때의 일이다. 물량이 부족한 탓에 거래처에서 돈을 미리 입금시키지 않으면 우거지를 공급해줄 수 없다고 했다. 할 수 없이 나는 3개월치의 우거지 대금을 미리 송금해줬다. 그런데 업자가 돈만 받고 잠적한 것이다.

"우리처럼 당한 업체가 한두 군데가 아니라고 합니다. 이 일을 어쩌죠?"

"우선 다른 우거지 공급처부터 알아보세요. 돈을 더 비싸게 주더라도 품질이 떨어져선 절대 안 됩니다."

선입금한 돈이야 고소를 하든지 잠복을 하든지 해서 어떻게든 돌려받으면 된다. 그런데 가맹점의 우거지 공급에 문제가 생겨선 안 된다. 물론 두 달 정도의 우거지가 이미 확보돼 있는 상태라 당장 매장에 공급하는 것에는 별 문제가 없었다. 하지만 이후로도 안정적인 공급이 되기 위해선 신뢰할 수 있을 만한 새로운 거래처를 찾는 것이 중요했다.

감자탕은 뼈와 우거지 등 주요 재료의 안정적인 공급이 매우 중요하다. 특히 맛과 가격이 전국 어디에서나 같아야 하는 프랜차이즈 외식기업은 재료의 공급처는 물론 품종까지 미리 지정해 둘 정도로 꼼꼼히 신경을 써야 한다. 그래서 ㈜보하라는 주요 재료의 경우 미리 3개월~6개월, 필요에 따라선 1년치 정도의 물량을 안정적으로 확보해둔다. 그 어떤 위기에서도 가맹점과 고객에 대한 책임을 다하기 위해서다.

국내에서 공급되는 우거지와 달리 뼈는 유럽에서 공급을 받기에 더 많은 변수들이 작용할 수 있다. 지난 2016년에는 환율이 너무 심하게 요동쳐서 나는 사재를 털어 뼈를 10억 원 가까이 선구매 해뒀다. 가맹점 공급단가와 소비자 판매가를 일정하게 유지하기 위해서였다. 그런데 그해 9월에 사상 초유의 물류대란으로 인해 뼈의 정상적인 공급이 불가능한 상황이 벌어졌다. 미리 몇 달치의 뼈를 확보해두지 않았더라면 우리 회사도 위기를 피해갈 수 없었을 것이다.

이렇듯 내가 개인 사재를 털어서까지 주요 재료들을 안정적으로 확보해두는 것은 가맹점주, 그리고 고객들과의 약속을 지키기 위해서다. 좋은 재료, 신선한 재료로 감자탕을 끓이겠노라 약속해 놓고선 상황이 어려워졌다고 해서 그것을 흐지부지해서는 안 된다. '정직'을 내려놓는 순간 신뢰는 무너지고, 가맹점주와 고객은 썰물처럼 빠져나간다.

"대표님은 음식에 대해 어떤 철학을 가지고 계세요?"

언젠가 한 인터뷰에서 기자분이 내게 음식철학을 물었다.

"당연히 정직이죠. 착한 재료로 정직하게 만든 음식만이 몸에 약으로 작용합니다."

나는 감자탕을 끓이고 파는 사람이다. 그리고 감자탕을 파는 사람들을 돕고 지원하는 사업가이다. 그래서 무엇보다도 감자탕, 즉 내가 파는 음식을 정직하게 만들지 않으면 안 된다. 내가 끓여낸 감자탕이 고객에게 만족감을 주지 못하면 모두가 함께 무너질 수밖에 없는 구조이다.

내게 음식은 단순한 배부름이 아닌 보약과도 같은 개념이다. 감자탕 한 그릇에 힘이 나서 더 열심히 꿈을 위해 뛰고 가족들을 보살핀다면 그게 바로 보약이다. 한 그릇의 음식으로도 만족감을 주고 감동을 주기 위해서는 정직을 바탕으로 정성껏 만들어야 한다.

"남다른감자탕은 수익률이 어떻게 되죠?"

가맹점을 하고 싶다며 찾아온 분들 중 대부분이 수익률, 즉 재료비나 인건비, 운영비 등을 제외한 순수익에 관심이 많다.

"타 감자탕 브랜드에 비해 남다른감자탕의 수익률은 높지 않습니다. 오히려 조금 낮습니다."

내 대답에 대부분 실망한 표정을 짓는다. 기껏 장사를 했는데 수익률이 낮아 자신에게 돌아오는 이익이 적다면 실망스런 일이 아닐 수 없다.

"좋은 재료로 정직하게 만드는 음식은 제조단가가 높기 때문에 결코 수익률이 높을 수 없습니다."

수익률을 높이기 위해선 크게 세 가지 방법이 있다. 제조단가를 낮추거나 가격을 높이거나 양을 줄이는 것이다.

"우와! 이 집은 양도 두 배고, 가격은 절반이야!"

판매가도 낮으면서 양도 푸짐하고, 거기다 판매 수익률까지 높다면 그것은 결코 정직하게 만든 음식이 아니다. 생각해보라. 좋은 재료를 사용한다면 제조단가가 올라갈 수밖에 없고, 그러면 판매가가 올라갈 수밖에 없다. 판매가를 경쟁업체와 동일하게 유지하며 좋은 재료를 사용하려면 어쩔 수 없이 음식의 양을 줄이거나 판매마진을 낮출 수밖에 없다. 나는 이 중 판매마진을 낮추는 것을 선택했다. 음식을 파는 사람에게 좋은 재료, 건강한 조리과정, 푸짐한 양은 결코 포기할 수 없는 소중한 가치이기 때문이다.

"그건 그렇지만…."

맞는 말이긴 하지만 막상 자신의 이익이 줄어든다고 생각하니 실망스러운 표정을 감추지 못한다.

"수익률이 아닌 매출을 보아야 합니다. 고객과 점주 모두를 만족시킬 답은 높은 매출에 있습니다. 좋고 건강하고 푸짐한 양으로 고객을 만족시키고, 높은 매출로 점주를 만족시켜주는 것이죠."

공정거래위원회의 자료에 따르면 2015년 12월 기준으로, 남다른 감자탕의 매장 월 평균 매출은 업계 2위 수준이다. 1위와의 차이가 크지 않은데다 업계 최고의 가맹점 수를 자랑하는 유명 브랜드의 2배에 달하는 금액이다. 이러한 자료를 보여주면 그제야 내 말이 이해가 된다며 고개를 끄덕인다.

"이익이란 것은 구하지 않아야 저절로 이롭게 되는 것이요, 이익을 구하면 얻지도 못하고 오히려 해를 보게 된다."는 맹자의 말처럼 이익을 조금 더 챙기려고 정직하지 못한 꼼수를 부린다면 결국엔 그 해가 자신에게 돌아온다.

거짓은 잠깐의 눈속임은 가능할지언정 결코 오래가지 못한다. 게다가 요즘은 고객들이 훨씬 더 똑똑하고 스마트해져서 속이려야 속일 수도 없다. SNS의 발달로 모든 정보들이 일순간에 퍼져 나간다. 거짓은 통하지 않는 세상이 됐다. 정직한 열정만이 본사와 가맹점 모두가 함께 공존할 수 있는 유일한, 그리고 최고의 비법이다.

나를 꼭 닮은 캐릭터상인 마초리를 가맹점 문 앞에 둔 이상 나는 결코 그릇된 행동을 할 수 없다. 생각해보라. 누가 봐도 나인 것을 전국 방방곡곡에, 그것도 비젓이 길거리에 세워두고 어찌 그릇된 행동을 할 수 있겠는가.

따뜻한 시선으로
트렌드를 읽다

불과 몇 년 전만 해도 식당에서 혼자 밥을 먹는 사람들을 보면 궁상맞다, 외롭다 등 부정적인 시선이 강했다. 혼자 술을 마시는 '혼술'은 더했다. '오죽하면 혼자 술을 다 마실까' 싶어 발개진 얼굴을 안쓰럽게 바라보기도 했다. 하지만 요즘은 혼자인 사람들을 힐끔힐끔 쳐다보는 시선이 오히려 촌스럽게 여겨지는 시대가 됐다.

1인가구의 증가로 혼자서 밥을 먹거나 쇼핑하는 사람들이 늘고 있다. 굳이 1인가구가 아니더라도 맞벌이 부부, 업무에 바쁜 직장인의 경우 동료나 친구, 가족과 시간을 맞추는 것이 쉽지 않으니 혼자라도 당당히 밥을 먹고 술을 마시고 쇼핑을 한다. 게다가 혼자 먹는 밥도 단순한 분식이나 패스트푸드가 아닌 보쌈, 고기, 회 등 다양한 음식으로 점점 확대되고 있다.

혼자 밥을 먹는 것을 더 이상 '밥심으로라도 살아야 한다'는 비장함으로 이해해서는 안 된다. 이제 혼밥은 비장함을 넘어 당당함, 그리고 즐거움이 됐다. 지난 2016년 tvN에서 인기리에 방영됐던 드라마 〈혼술남녀〉는 이러한 라이프스타일의 변화에 따른 가치의 변화를 잘 다루고 있다.

드라마의 주인공은 고단한 하루를 정리하며 맛있는 음식과 함께 혼자 마시는 술을 즐긴다. 그를 보고 있노라면 '혼자라도 괜찮아'를 넘어 '혼자라서 좋아'라는 느낌까지 든다. 2017년 외식트렌드 키워드 1위가 '나홀로 열풍'인 것만 봐도 혼밥과 혼술을 자연스럽게 받아들이는 것을 넘어 이젠 적극적으로 즐기고 있음을 잘 알 수 있다.

혼밥인구를 겨냥하다

얼마 전 한 여성분이 혼자 음식점에 가서 장어를 구워 먹었다는 얘기를 들은 적이 있다. 갑자기 장어가 너무 먹고 싶은데 함께 갈 사람이 없더란다. 비록 테이블 맞은편에 누군가와 함께 온 듯이 젓가락 한 쌍을 더 올려놓긴 했지만 혼자라도 씩씩하게, 먹고 싶은 것을 먹고 나니 내일을 잘 버텨낼 힘이 생겨났다고 한다.

"혼밥, 어디까지 해봤니?"를 비교하는 '혼밥 레벨'이 유행이지만 이젠 그마저도 무의미하다는 생각이 든다. 혼자라도 당당하게, 먹고 싶은 음식을 먹는 시대인 만큼 메뉴의 한계마저도 사라졌다. 이러한 시대적 변화는 프랜차이즈 사업가들에게 좋은 기회가 아닐 수 없다. 새로운 형태의 소비층이 생긴 만큼 그들만을 위한 특화된 소비 공간은 필수적이다.

"그냥 아무 식당이나 가서 혼자 먹으면 되지. 굳이 혼밥, 혼술 식당을 가야 해요?"

물론 아니다. 하지만 그럼에도 왠지 모르게 눈치가 보이는 것은 어쩔 수 없다. 특히 빈 테이블이 없을 정도로 손님이 꽉 들어찬다면 그때부턴 좌불안석이다. 아무도 눈치 주는 사람이 없는데도 괜히 마음이 불편한 것이다. 얼른 먹고 일어나 줘야겠단 생각에 음식 맛을 즐길 여유도 없다. 가끔은 모르는 이와 합석하여 마주 보고 밥을 먹어야 할 때도 있다. 그래서 혼자 식사를 하러 오시는 분들의 상당수가 일부러 손님이 붐비는 시간을 피해서 오기도 한다.

'남다른감자탕' 매장에도 혼자 식사를 하시는 분들이 많다. 면밀히 관찰하니 대략 방문 고객의 30~40% 정도가 혼자 오는 분들이었다. 편하게 식사를 하다가도 손님들이 점점 들어차면 남은 테이블의 수를 살피는 등 눈치를 보시곤 한다. 게다가 가족이나 친구, 동료들과 함께 식사를 즐기는 사람들이 많다 보니 다소 번잡하기도 하다. 혼자 조용히 식사를 즐길 그들만의 공간이 절실해 보였다.

"남다른감자탕도 혼밥 매장을 구상해보는 게 어떨까요?"

"좋은 생각이네요. 감자탕은 대중적인 음식인 데다 매니아층도 분명한 만큼 시도해볼만 하네요."

"맞아요. 요즘은 혼자 식사하는 분들도 그저 한끼를 때운다는 개념이 아닌, 건강하고 맛있는 음식을 합리적인 가격에 즐기려는 욕구가 커요. 그런 트렌드와 고객의 니즈를 적극 반영한 혼밥 감자탕 매장이 꼭 필요할 것 같아요."

늘 그렇듯 ㈜보하라의 사람들은 새로운 제안이 나오면 안 될 이유가 아닌 될 이유를 먼저 찾는다. 그리고 그 안에 고객에 대한 배려와 남다른 아이디어를 담음으로써 잘될 방법을 찾아간다. 뜻이 하나로 모아진 만큼 이제는 '어떻게'를 고민해야 했다.

창업이나 기존 매장의 변화를 꾀할 땐 트렌드를 파악하는 것이 무척 중요하다. 유행이 잠깐 반짝하다가 이내 사라지는 물의 포말 같은 것이라면, 트렌드는 긴 시간 동안 흘러가며 굵직한 길을 만드는 강한 물줄기이다. 물줄기를 보면 물이 어디서 어디로, 어떻게 흘러갈 것인지, 그 힘이 얼마나 커질 것인지를 알 수 있다.

트렌드를 잘 파악하면 창업 아이템 선정이나 기존 매장의 변화 방향을 잡는 데 큰 도움이 된다. 하지만 이것이 성패를 결정짓는 주요 요소는 되지 못한다. 트렌드를 파악하는 것은 외형적인 틀을 결정짓는 것일 뿐, 더 중요한 것은 그 안에 담을 내용물이다.

"홀로 오시는 고객을 위한 매장인만큼 1인 메뉴를 다양화할 필요가 있습니다."

"테이블 배치나 사이즈 등 매장의 인테리어 역시 기존의 감자탕 매장과는 완전히 달라야 합니다."

방향이 결정되자 그것을 구현해낼 아이디어들이 터져 나왔다. 나는 그 아이디어들에 내 생각까지 보탰다.

"무엇보다도 혼자 식사를 하는 분들에 대한 세심한 배려가 우선되어야 합니다."

나는 혼자 와서 한끼 대충 때우고 가는 그저 그런 매장이 아닌, 좋아하는 음식을 편안하게, 그리고 당당하고 우아하게 즐길 수 있는 남다른 매장을 구현해내야 함을 강조했다.

우리가 추구하는 가치를 그대로 담아내는 최고의 혼밥 매장을 구현해내기 위해 약 3개월 간 시장조사 시간을 가졌다. 혼밥 고객을 주 타깃으로 하는 여러 브랜드들을 직접 체험하며, 그들의 장점과 단점을 파악했다. 그리고 이를 기반으로 감자탕에 맞는 시스템을 연구하고 발전시켜 나갔다.

혼자라도 좋다

"새로 탄생될 혼밥 매장의 브랜드 네임이 '남다른감자탕S'로 결정됐습니다. 남다른 메뉴(Special), 편리한 주문방식(Smart), 간편한 한 쟁반 차림(Simple), 빠른 음식 제공(Speed), 혼밥 고객을 위한 든든한 한 끼(Single) 등 다섯 가지 가치를 추구하고 있다는 것을 보여주는 것이죠."

1년여의 준비 끝에 지난 2016년 7월, 혼밥 감자탕 매장인 '남다른감자탕S'가 고객들과 첫인사를 나눴다. '남다른감자탕S'는 패스트푸드와 패밀리레스토랑의 중간 형태인 패스트 캐주얼(Fast Casual)을 추구하는 브랜드로, 음식을 주문하고 제공하는 방식은 패스트푸드 전문점처럼 간편하고 신속하다. 반면 고급스러운 식재료와 맞춤화된 메뉴, 세련된 분위기 등은 레스토랑이 제공하는 고급서비스를 지향하고 있다.

직영점의 형태로 탄생된 '남다른감자탕S' 1호점은 서울 관악구 신림동 녹두거리에 위치하고 있다. 첫 매장을 고시촌으로 유명한 신림동에 낸 것은 나름의 의미가 담겨 있다. 그곳에 거주하는 주민들의 상당수가 고시생이거나 대학생, 그리고 홀로 서울생활을 하며 직장을 다니는 분들이다. 누구보다도 치열하게 하루를 살아가는 사람들이지만 혼자라는 이유로 종종 식사를 거르곤 한다. 그들에게 필요한 것은 누구의 눈치도 보지 않고, 당당히 식사를 즐길 수 있는 편안한 공간이라는 생각이 들었다.

"어서 오세요. 몇 분이세요?"

"아, 그게 저 혼자인데요…."

직원의 친절한 인사나 안내가 오히려 혼밥 고객에겐 부담이 되기도 한다. 그래서 '남다른감자탕S'는 고객과 직원이 대면하는 시간을 최소화할 수 있는 방안으로 자동 주문 시스템인 키오스크를 도입했다. 간단한 터치 몇 번으로 음식의 주문부터 결제까지 이루어지니 기다리는 시간을 줄이기에도 더없이 좋다. 게다가 음식이 준비되면 전광판에 번호가 뜨는데, 자신의 메뉴 교환권에 적힌 번호와 일치하면 고객이 직접 음식을 가져와 테이블에서 식사를 하면 된다.

테이블에는 수저, 물티슈, 앞치마, 앞접시, 집게, 국자, 뼈를 담는

통 등 식사에 필요한 모든 것이 준비돼 있다. 또 물, 추가 밥과 반찬, 후식용 차 등이 무한리필인데다 모두 셀프로 제공되기 때문에 굳이 직원을 부르지 않아도 불편함 없이 식사를 할 수 있다. 게다가 휴대폰 거치대와 충전을 위한 콘센트까지 각 테이블에 구비돼 있어 혼자라도 외롭지 않게 식사를 할 수 있다.

한편, 혼밥 고객을 위한 특별하고도 건강한 메뉴의 개발은 필수적이었다. 기존의 남다른감자탕에서 맛볼 수 있었던 메뉴들의 대부분을 1인 메뉴화했고, 감자탕과 떡볶이가 결합된 뼈볶이전골, 뚝배기뼈볶이를 비롯해 부대찌개와 접목된 부대찌개뼈전골, 크림파스타와 접목된 뼈르보나라, 크래미주먹밥, 튀김불만두 등 새로운 메뉴들도 추가로 개발했다. 또한 여러 메뉴를 한 번에 맛볼 수 있는 세트메뉴, 그리고 친구나 연인과 함께 즐길 수 있는 2인 메뉴도 다양하게 준비해두었다.

음식을 담아내는 시간과 형식에도 더욱 신경을 썼는데, '남다른감자탕S'의 1인 메뉴의 경우 주문 후 평균 5분 이내에 음식이 나온다. 그리고 음식을 고객에게 내어드릴 때도 나무로 된 소반에 정갈하게 담아드린다. 나를 위해 차려진 '정성스런 한 상'이란 느낌을 드리기 위해서다. 또 나무소반엔 그릇의 크기에 맞게 홈을 파두어서 고객이 음식을 들고 나를 때 흔들림이 없도록 해두었다.

매장의 인테리어도 화이트와 그레이, 블랙 색상의 조화로 세련된 느낌을 주었고, 여기에 오렌지색으로 포인트를 주어 밝은 느낌을 강조했다. '혼자라도 괜찮아'를 넘어 혼자라서 더 당당하고 우아하게 감자탕을 먹을 수 있도록 매장을 꾸민 것이다. 또 매장의 3면을 통유리로 해 개방감을 주고, 창가 자리는 기다란 바처럼 만들어 식사를 하며 거리의 풍경을 즐길 수 있도록 했다.

이처럼 '남다른감자탕S'는 고객을 향한 따뜻한 관심과 관찰로 탄생된 매장이라고 해도 과언이 아니다. 단지 트렌드를 읽은, 새로운 시장의 개척이 아닌 '남다른감자탕S'에는 당당한 혼밥족에 대한 따뜻한 배려가 함께 담겨있다. 패스트푸드점이나 분식집에서 대충 때우는 한 끼가 아닌 영양과 맛도 챙기면서 편안하고 세련된 분위기에서 식사를 즐길 수 있도록 불편함을 없앤 것이다.

남다른 아이디어는 특별한 재능을 가진 사람만이 찾을 수 있는 것이 아니다. 재능보다는 오히려 노력과 열정의 영역이다. 트렌드를 읽어 고객의 니즈를 파악하고, 그 안에 고객을 향한 배려와 진심을 담아내려 노력하면 된다. 그런 노력과 열정이 아무도 찾아내지 못한 숨어있는 1인치를 발견하게 해준다.

날 좀 보소,
날 좀 보소

지난 2015년 기아자동차는 유튜브에 '올 뉴 카니발'의 파격적인 영상 하나를 등록했다. 영상 속 자동차는 12.6미터의 높이에서 수직으로 낙하해 시속 56km와 맞먹는 속도로 지면에 충돌한다. 다행히도 차체의 앞면만 손상됐을 뿐 운전자와 승객 모두가 안전하게 보호됐다.

이어서 2016년에는 LG전자가 '카드 쌓기' 세계 기록 보유자인 브라이언 버그(Bryan Berg)와 함께 1분당 1000회의 속도로 빠르게 회전 중인 'LG 저진동 드럼세탁기' 위에서 카드 쌓기에 도전했다. 브라이언 버그는 카드를 편평하게, 그리고 수직으로 엇갈려 세우며 12시간 동안 3.3미터의 높은 탑을 완성해냈다. 이 도전을 통해 LG전자는 'LG 저진동 드럼세탁기'의 무소음, 무진동의 성능을 전 세계에 성공적으로 홍보했다.

한편 외국의 한 방탄 유리 제조 회사는 자신들의 제품 성능을 증명해 보이기 위해 회사 대표가 탄 차의 유리에 기관총을 난사하기도 했다. 빠른 속도로 날아드는 총알에도 대표는 전혀 동요함이 없이 편안한 모습이었는데, 그만큼 자신들의 제품 기능에 대한 확신이 크다는 의미였다.

아슬아슬하고 위험천만한 파격적인 홍보를 감행하면서까지 그들이 하고 싶었던 말은 무엇일까. 여기에 우리가 있다, 우리의 제품이 이만큼 뛰어나다는 것을 알아달라는 것이다. 시골 장터에서 엿장수가 각설이 분장을 하고 쉬지 않고 춤을 추며 제품을 알리는 것이나 별다를 바 없는, "날 좀 보소!"라는 것이다.

홍보나 광고의 가장 기본적인 목적은 '알리기'에 있다. 알리기 위해선 우선 사람들이 나를 보게 해야 한다. 자신들의 회사와 브랜드를 알리고, 심혈을 기울여 탄생시킨 제품을 알리기 위해 기업은 좀 더 획기적이고 기발한 아이디어로 광고를 한다. 시선을 끌기 위해서다.

기업 간 경쟁이 하루가 다르게 치열해지는 현대 사회에서 소비자에게 인지되지 않으면 없는 존재나 마찬가지다. 그래서 우리가 여기에 있고, 우리의 제품이 최고로 뛰어나다는 것을 적극적으로 알려야 한다.

비단 기업만의 이야기는 아니다. 동네 구멍가게라 할지라도 자신들의 존재와 상품을 알려야만 고객이 찾아온다. 우선은 나와 내 점포, 내 브랜드를 알리는 명함부터 남달라야 한다. 나는 '남다른감자탕'을 알리고 각인시키기 위해 '男子'라는 글자가 새겨진 전자파 차

단 스티커를 명함에 붙이고 다니며 사람들에게 나눠준다. 작고 소소한 것이지만 상대의 건강을 위하는 마음이 담긴 것을 아니 명함을 받는 분들은 무척이나 기분 좋아한다.

그뿐만 아니다. 새로운 매장을 오픈할 때도 매번 남다른 홍보 아이디어를 짜내 고객에게 우리를 알리려 애쓴다. 동네 곳곳을 돌며 전단지를 돌리는 길거리홍보부터 남다른 아이디어가 보태진 재미있고 기발한 이벤트에 이르기까지, 우리가 여기에 있음을 적극적으로 알린다. 그래야만 살아남을 수 있기 때문이다.

시선을 넘어 마음까지 끌어라

2011년 삼일절을 맞아 대구평리점과 노원점 오픈을 기념하는 이벤트를 개최할 때의 일이다.

"단순한 매장 홍보가 아닌 재미있는 볼거리, 삼일절을 기념하는 의미 있는 이벤트 그리고 대구 시민들과 함께 하는 퍼포먼스를 진행합시다."

"아이들을 위한 행사 중 하나로 태극기 그리기 대회를 하는 건 어떨까요? 태극기를 정확하게 그리는 아이에게 푸짐한 상품을 주는 거죠."

"오, 그거 정말 의미 있는 이벤트가 되겠어요."

"남성들을 위한 기왓장 깨기 대회도 좋을 것 같아요. 남자의 상징인 힘을 기왓장 격파를 통해 뽐내는 거죠."

나는 직원들과 함께 재미있고 의미 있는 남다른 홍보 아이디어들을 짜냈고, 2월 28일부터 3월 2일까지 우리는 매장 앞에 대형 태극기를 내걸고 '대한남자만세 퍼포먼스', '대한건아 선발대회', '태극기 그리기' 등의 행사를 진행했다.

'대한남자만세 퍼포먼스'는 매장 앞에 대형 대자보를 설치해 거리를 오가는 시민들이 남자들의 기(氣)를 살려주는 내용을 적을 수 있도록 해두었다. 그리고 피켓과 머리띠 등을 이용해 KBS 개그콘서트 '남성인권보장위원회'를 패러디한 퍼포먼스를 진행했다.

피켓에는 '해장국은 내가 사고! 포인트는 니가 쌓냐!', '니 옷은 왜 신상이고 내 옷은 왜 이월상품', '새로 산 건 전부 니 꺼 나는 딸랑 면도기냐' 등의 글귀를 적어 남자들만의 남다른 애환을 코믹하게 담아냈다. 그 모습만으로도 오가는 시민들의 시선을 끌기에 충분했다. 특히 남성분들은 대자보와 피켓에 적힌 글귀에 크게 공감하며 좋아했다.

"우와! 20장이나 깼어요!"

점심시간을 이용해 진행된 '대한건아 선발대회'는 남자의 힘을 뽐낼 수 있게 플라스틱 기왓장 격파 대회로 진행됐다. 참가자들은 자신의 어깨에 무겁게 내려앉은 스트레스까지 함께 날려버릴 기세로 기왓장을 힘껏 내리쳤다.

아이들을 위한 행사로는, 태극기를 정확하게 그리는 아이들에게 다양한 상품을 나눠주는 '태극기 그리기'를 진행했다. 미래의 기둥이 될 아이들에게 삼일절의 의미를 되새겨주고 태극기를 선명하게 각인시켜주기 위해 기획한 행사였던 만큼 지켜보는 이들에게도 왠지 모를 뿌듯함이 전해졌다.

이 밖에도 2012년에는 여름 휴가 시즌을 맞아 두 달 동안 '남다른 캠핑카 이벤트'를 진행하기도 했다. 남다른감자탕 매장을 방문한 고객을 대상으로 1등은 캠핑카 2박 3일 이용권, 2등은 주유상품권, 3등에게는 외식상품권 등을 제공했는데, 총 2만여 명의 고객들이 이벤트에 응모해주었다. 그중 1등 캠핑카 이용권은 20명에게 돌아갔고, 당첨자들은 남다른감자탕에서 무료로 제공하는 캠핑카를 타고 가족이나 연인과 함께 멋진 휴가를 보낼 수 있었다.

이처럼 ㈜보하라는 당장의 눈요기만을 위한 화려한 이벤트가 아닌 고객들에게 직접적인 도움이 되는 이벤트를 기획하기 위해 노력한다. 감자탕이 실속을 중요하게 생각하는 영양 가득한 서민음식인 만큼 우리가 기획하는 이벤트 역시 화려한 겉모습이 아닌 그 안의 내용물을 더욱 중요하게 생각하는 것이다.

할 수 있는 것은 다 해봐라

정성을 다해 준비한 만큼 더 많은 분들이 우리를 알아주고, 찾아줬으면 하는 것은 당연한 마음이다. 최고의 제품과 서비스를 준비했다면 그것을 알리는 홍보나 광고도 중요하다. 큰돈을 들이며 무리할 필요는 없지만 발품을 팔거나 아이디어를 짜내 최대한 나를 알릴 필요는 있다. 우리가 거기에 있다는 것을 모르면 고객은 사고 싶어도 살 수 없다.

2014년, 남다른감자탕 부산대신점의 리뉴얼을 위해 부산에 내려갔을 때이다. 시장조사를 통해 음식의 맛을 잡고, 직원들의 서비스교육, 매장안팎의 청결과 정리정돈 등 만반의 준비를 갖춘 후 나는 본격적인 홍보활동에 돌입했다. 대신점의 회생은 실적이 부진한 부산의 다른 대리점의 희망의 상징이자 실제적인 샘플 매장이 될 수 있기에 홍보 역시 비용을 최소화하기로 했다. 홍보효과가 반드시 돈과 비례하는 것은 아니지만 돈을 적게 쓰는 것보단 많이 쓰는 것이 도움이 되는 것은 사실이다. 하지만 돈을 많이 써서 홍보에 성공한다면 다른 가맹점들이 참고하기에 부담스러울 수 있어 최소한의 비용만으로 진행해보기로 했다.

자원이 부족하면 아이디어와 땀방울이 그것을 대신 메워주면 된다. 나는 가장 기본부터 시작하기로 했다. 우선, 어깨에 띠를 두르고 전단지를 나눠주며 주민 한 분 한 분과 눈을 맞추고 인사를 했다. 인력이 별로 없었기에 나도 직접 참여했다. 이렇게 기본적인 홍보활동을 하면서 나는 동네를 꼼꼼히 살피며 남다른 홍보 전략을 생각해냈다.

전략을 짜기 위해서는 나무가 아닌 숲을 봐야 한다. 그리고 숲을 보려면 일단 그 숲에서 빠져나와야 한다. 매장 맞은편에 작은 커피숍이 있는데, 나는 며칠 동안 그곳에서 부산대신점과 그 주변 경관을 바라보며 관찰했다. 부산대신점이 위치한 곳은 유동인구도 제법 있는데다 버스정류장이 바로 앞에 있어서 그리 나쁜 입지조건은 아니었다.

"구도심이다 보니 어르신들이 많이 다니시네."

부산대신동은 오래된 상가건물이나 다세대주택이 많은 동네다 보니 연세 지긋한 어르신들이 많았다. 그런데 그분들은 버스를 기다릴 때 마땅히 앉을 만한 곳이 없어 다리를 굽혔다 폈다를 반복하며 힘들어하셨다.

"그래, 저기에다 편한 의자들을 갖다 놓아야겠어."

나는 어르신들이 편히 버스를 기다릴 수 있도록 정류장 근처에 벤치와 파라솔을 설치해두었다. 그리고 이전까진 텅 비어 있던 점포 옆의 벽에 벽화를 그리기로 했다. 통영의 동피랑마을처럼 그 지역 고유의 스토리를 담는다면 주민들의 이목을 끄는 것은 물론이고 입소문 효과까지 기대할 수 있었다.

"그래, 이따 거기서 만나. 벽화 그려진 버스정류장 있잖아."

"아, 의자랑 파라솔 놓여 있는 그 정류장!"

"응, 남다른감자탕 바로 앞."

예상대로 주민들의 반응이 아주 좋았다. 수많은 버스정류장 중 하나가 아닌, 벽화가 그려지고 파라솔과 벤치가 놓인 세상에 하나밖에 없는 버스정류장이 된 것이다.

"저 빈 공간에 무엇을 하면 좋을까?"

남다른감자탕 부산대신점 매장 앞에는 차 한 대 정도를 댈 수 있는 공간이 있었다. 그곳에 뭘 하면 효과적일지를 궁리했다. 그러다 문득 차의 지붕을 접었다 폈다 할 수 있는 오픈카를 전시하면 좋겠다는 생각이 들었다. 때마침 보하라 본사에 직원전용 오픈카가 있어서 그것을 얼마간 빌려오면 됐다.

내 철학 중 하나가 "열심히 일한 그대, 누려라!"이다. 수고에 대한 적절한 보상은 더 큰 수고를 해낼 힘을 준다고 믿기 때문이다. 그래서 내가 제법 많은 돈을 벌었을 때 그간 열심히 일한 나에게 오픈카를 포상해주었다. 오픈카를 타고 다니니 본사 직원들이 은근히 타고 싶어 하는 눈치였다. 사실 나를 비롯한 대부분의 남자들에겐 오픈카를 타고 주목받고 싶은, 다소 애교스런 허세가 있다. 그 마음을 너무나 잘 알기에 직원들이 돌아가면서 탈 수 있게 직원전용 오픈카를 한 대 뽑아주었다. 가족이나 연인과의 특별한 이벤트가 필요할 때 본사 직원이면 누구나 자유롭게 활용했다.

나는 부산대신점의 홍보를 위해 본사직원들에게 오픈카를 빌려달라고 부탁했다. 그리고 차에 '남자'라는 마크까지 달아 사람들의 시선을 끌 수 있게 점포 앞에 세워두었다.

"이거 뭐지?"

"한번 타보세요. 사진 찍어드릴게요."

예상대로 차를 세워두자마자 오가던 동네 주민들이 호기심을 보이며 모여들기 시작했다. 부자동네나 번화가에선 그 정도 수준으론 오픈카라고 명함도 못 내밀 텐데, 구도심이다 보니 제법 먹혔다. 특히 나이든 분들이나 어린 학생들이 많은 관심을 보였는데, 내친김에 주민들에게 직접 타보라고 권했다. 사진을 찍어주며 블로그 등에 남다른감자탕 부산대신점에 관한 소개글을 올리면 선물을 주는 이벤트도 함께 진행하니 젊은층의 관심도 꽤 높았다. 늘 담배꽁초와 쓰레기로 그득하던 죽은 공간이 멋진 오픈카, 의자와 파라솔, 벽화까지 더해져 휴양지에서나 볼 수 있는 한 폭의 아름다운 그림이 됐다.

부산대신점의 남다른 홍보는 여기에서 그치지 않았다. 유동인구가 많은 번화가에서의 장사가 아니다보니 지역주민과 좋은 관계를 유지하고 인정받는 것이 중요했다. 이를 위해 나는 손님이 많지 않은 시간대를 활용해 지역 노인분들을 한 달에 두 차례씩 가게로 모셔 무료로 감자탕을 대접해드렸다. 또한 지역 공헌 사업의 일환으로 본사 차원에서 도서관 설립비용을 지원하기도 했다.

물론 이런 홍보들을 진행하는 동안에도 발품을 파는 기본은 놓치지 않았다. 동네 장사는 동네 주민들과 친근함을 형성하는 것이 아주 중요하다. 짬이 날 때마다 나는 직원들과 함께 거리로 나갔다. 우리는 인형 탈을 쓰고 인근의 버스정류장과 대학교 등을 돌며 전단지를 나눠줬다. 한여름 뙤약볕에 탈까지 쓰고 있으니 목에선 뜨거운 김이 올라왔지만 멈출 수 없었다.

전단지를 다 돌리고 나면 온몸이 땀범벅이 되는데, 그 길로 곧장 동네 목욕탕을 찾아 그곳에서 전단지를 마저 돌리고 목욕까지 했다. 그렇게 소탈한 모습으로 만나서인지 목욕탕에서 인사한 고객들을 매장에서 다시 만나면 남다른 친근함이 생겨 금방 단골이 된다.

최선을 다해 준비한 만큼 한 방울의 땀도 남기지 말고 최고의 노력을 짜내 적극적으로 알려야 한다. 여기에 우리가 있다고 온몸으로 소리쳐야 비로소 고객의 눈과 마음을 붙잡을 수 있다.

4부

男자라면
사(四)정!

사(四)정하지 않으면 죽는다!

성공하려면 사람부터 보라

미인이 넘치는 가게

나는 뻔뻔(FUN FUN)한 직원이 좋다

주먹은 휘두르는 게 아니라 움켜쥐는 것이다

사(四)정하지
않으면 죽는다!

나에겐 삶의 중심이 되는 가치들이 있다. 정직(正直), 정리(整理), 정성(精誠), 정확(正確)이 바로 그것이다. 나는 이것을 '사(四)정'이라고도 하고 '사(死)정'이라고도 한다. 목숨을 내걸고라도 반드시 지켜야 할 것들이라 '죽을 사(死)'를 붙였다.

이 중에서도 나는 정직(正直)을 가장 중요한 가치로 둔다. 정직하지 않은 성공은 아무런 의미가 없다. 정직하지 않게 번 돈으로 부자가 된들 떳떳하고 당당할 수 있을까. 정직하지 않게 얻은 성과가 과연 자신의 것일까. 정직하지 않게 얻은 것은 내 것이 아니기에 도둑질과도 같다.

초등학교 2학년 때였다. 어머니는 들고 계셨던 다듬이방망이로 내 무릎을 내리치셨다. 순간, 둔탁한 소리와 함께 죽을 듯한 고통이 밀려왔다. 나는 그 자리에서 쓰러졌고, 어머니는 나를 업고 곧장 병원으로 내달리셨다.

"이놈아, 그러니까 왜 남의 것을 훔쳐! 엄마가 내 것이 아닌 건 절대 탐내서는 안 된다고 말했지 않니?"

나는 어머니의 꾸중에 서러움의 눈물이 터져 나왔다. 문방구에서 알사탕 하나 훔친 것이 뭐 그리 대수라고 자식의 다리뼈를 부러뜨려 놓은 것인지, 도저히 이해가 안 됐다.

"너 한 번만 더 그래 봐라. 내가 남은 다리 하나도 아작을 내줄 테다."

어머니는 무시무시한 말로 엄포를 놓으셨다. 그리곤 이내 잔잔한 목소리로 나를 타이르셨다. 내 것이 아닌 것은 모두 남의 것이며, 그것을 탐내는 것은 정직하지 못한 삶이라고 하셨다. 알사탕이 아니라 껌 하나라도 정직하게 얻은 것이라야 내 삶을 빛내줄 수 있다는 말도 덧붙이셨다.

"미안하다. 엄마가 네게 맛있는 간식을 잘 챙겨줬더라면 이런 일은 없었을 텐데."

어머니는 어린 아들에게 알사탕조차 마음대로 사줄 수 없는 당신의 신세를 한탄하며 잠든 내손을 꼭 잡으셨다. 그날 이후 나는 어머니가 말씀하신 '정직'에 대해 인이 박였을 정도로 정직한 삶을 살려 노력했다. 한때 부잣집 아이들을 막무가내로 패고 다닐 정도로 흐트러진 삶을 살았지만 한 번도 그들의 것을 탐내거나 빼앗지 않았다.

어머니의 다듬이방망이에 나머지 한쪽 다리마저 부러지지 않으려면 그 방법밖엔 없었다.

"문 열어! 문 열라고! 남의 돈을 빌려갔으면 갚아야 할 것 아니야!"

어머니는 큰형의 합의금을 마련하느라 생긴 빚 때문에 무척이나 고달픈 삶을 사셨다. 툭하면 사고를 치는 바람에 하루 종일 난전에서 장사를 해도 빚은 끝도 없이 불어났다. 게다가 종종 빚쟁이들이 집으로 찾아오기도 했는데, 그때마다 어머니는 세상에 둘도 없는 죄인처럼 움츠러들었다.

어느 날은 빚쟁이 아주머니의 목소리가 들려오자 서둘러 장롱 속에 숨으시기까지 했다.

"정열아, 엄마 없다고 해. 엄마 여기 있다고 절대 말하면 안 돼."

나는 그런 어머니의 모습이 무척이나 당혹스러웠지만 서둘러 책을 집어 들었다.

"뭐야? 네 엄마 없어! 네 아버지는?"

"장사 나가셔서 아직 안 오셨어요."

"거짓말 하지 마. 시장에도 없던데. 내 오늘은 반드시 이 여편네를 잡고 만다!"

늦은 저녁시간 집에 들이닥친 동네 아주머니는 그대로 두 다리를 뻗고 방에 드러누우셨다. 마루에서 밥상을 펴고 공부를 하던 나는 어머니가 걱정돼 글이 눈에 들어오지 않았다.

얼마나 지났을까. 코까지 골며 푹 주무시던 아주머니는 잠에서 깨자 다시 투덜대기 시작했고, 결국 지친 듯 집으로 돌아가셨다. 나는 슬며시 골목어귀까지 따라가 아주머니의 뒷모습이 보이지 않는 것을 확인하곤 그제야 안도의 한숨을 내쉬었다. 그리곤 서둘러 어머니께 달려갔다.

"엄마, 얼른 나오세요."

"어, 그래…."

온몸이 땀으로 범벅이 돼 기진맥진해진 어머니의 두 눈에서 끝없이 눈물이 흘러내렸다. 그 모습이 너무나 마음이 아파 내 눈에서도 눈물이 터져 나왔다. 나는 그제야 어머니가 왜 그토록 정직한 삶을 강조하셨는지 알 것 같았다. 정직하지 못한 삶은 결국엔 내 삶은 물론 내 가족의 삶까지 비굴하고 초라하게 만든다.

정직에 타협은 없다

이전에도 그랬지만 특히 음식장사를 시작한 이후 나는 무조건 정직한 장사, 정직한 기업을 최고의 철학이자 원칙으로 두었다. 정직이라는 기준에서 조금이라도 벗어나는 일은 아예 타협조차 하지 않았다.

㈜보하라를 창업하고 직영점을 몇 개 운영하던 때였다. 매장 모두 월 평균 2억 원이 넘는 매출을 올리다보니 주류의 판매도 만만치 않았다.

"사장님, 우리랑 거래 한 번 트시죠? 대접은 서운하지 않게 해드리겠습니다."

몇몇 주류 도매상들이 지속적으로 점포를 찾아와 노골적으로 리베이트를 제시했다. 가족 모두 여행을 보내주겠다느니, 고급 승용차를 한 대 뽑아주겠다느니 했다.

"아, 됐습니다! 저는 그런 것 필요 없습니다. 그리고 기존 거래처와 별 문제 없이 거래를 잘하고 있는데 이러는 건 상도의에 어긋나는 행위 아닙니까?"

"아, 그럼 현금? 현금으로 드릴까요. 아무래도 그걸 바라시는 모양인데, 헤헤."

"이 사람이 도대체 나를 뭘로 보고! 안 한다잖아요. 차라리 공급 단가를 낮춰준다든지 프로모션 지원을 적극적으로 해준다든지 등으로 정식으로 제안서를 내보세요. 그러면 검토해볼게요."

예상 외로 강경한 내 태도에 그들은 무척이나 못마땅한 표정을 지었다. 아니나 다를까. 그들은 자기들끼리 똘똘 뭉쳐 이내 내게 반격을 가해왔다. 워낙 좁은 지역 사회다보니 당시는 아는 인맥을 동원해 점포 하나 골탕 먹이는 것은 예삿일도 아니었다.

"녀석, 어지간히 좀 하지. 네가 너무 그렇게 꼿꼿하게 나오니까 그 사람들도 발끈한 거잖아."

친구 중 한 명이 그 주류업체와 아는 사이라 이야기를 전해 듣곤 대뜸 내게 잔소리를 해댔다.

"됐다고 그래! 내가 그렇게 리베이트 오가며 비열하게 거래하는 거 제일 싫어한다는 거 너도 알잖아. 그렇게 은근슬쩍 남의 거래처 뺏어 놓고 나중에 가격 조금씩 올리려는 속셈인 거 누가 모른다니? 결국 그런 게 다 고객에게 돌아간다고."

"그래도 좋게 거절을 해야지. 괜히 기분 상하게 해서 그 사람들이랑 원수질 이유는 없잖아."

듣고 보니 그랬다. 정직이라는 나의 소신과 가치를 지키되, 최대한 상대에 대한 예의를 갖출 필요는 있었다. 정중하게 거절하며 내 입장과 소신을 설명했더라면 좋게 마무리됐을지도 모를 일이었다.

㈜보하라가 브랜드리뉴얼을 통해 남자른감자탕을 출점하고 직영점뿐만 아니라 가맹점도 점차 늘어나자 이번에는 포스시스템을 관리하는 업체에서 리베이트 제의가 들어왔다. 예전의 경험이 있었던 터라 이번에는 최대한 정중히 거절했다. 그랬더니 기존 관리 업체에서 계속 거래해줘서 감사하다며 내게 돈 봉투를 건네 왔다.

"죄송합니다. 저는 이런 것 바라지도 않고 받지도 않습니다. 좋은 시스템으로 관리를 잘 해주시는 것만으로도 충분합니다."

나는 한 번 더 내게 이런 것을 가져오면 거래하지 않겠다는 말을 했다. 그리고 감사한 마음을 전하고 싶다면 내가 아닌 점주들에게 표현하라는 말도 덧붙였다. 목소리는 정중하고 부드러웠지만 내 태도가 얼마나 단호했던지 업체에선 두 번 다시 내게 돈 봉투를 내밀지 않았다. 그대신 다음 해부터는 점주들께 사과를 한 상자씩 선물해주셨고, 나는 감사의 의미로 거래처 직원들께 손수건과 편지를 선물해드렸다.

이후로도 나는 매년 감사편지와 함께 손수건이나 양말을 거래처에 선물하며, 공정하고 정직한 거래에 대한 의지와 감사를 전했다.

거래처뿐만 아니라 고객과의 관계에서도 나는 '정직'을 최고의 가치로 둔다. 이익을 더 남기기 위해, 혹은 당장의 손해를 피하기 위해 꼼수를 부리거나 타협하는 일은 결코 없다. 지난 2010년, 잦은 비와 이상기온 현상으로 배추파동이 났다. 그 덕분에 배추 한 포기 가격이 10배 가까이 뛰어 만 원을 웃돌기까지 했다. 당시 남다른감자탕의 직영점이 4곳이 있었는데, 매장의 평균 규모가 150평 정도라 웬만한 식당 10개 정도를 운영하는 크기였다.

"대표님, 배추 가격이 다시 안정될 때까진 배추김치는 기본 반찬에서 빼는 게 좋겠습니다. 이미 다른 음식점에서도 오이나 양배추 등으로 김치를 담아서 내고 있습니다."

직영점의 점장들은 계속 지금처럼 배추김치를 반찬으로 내다간 적자가 날 상황이라며 대안을 찾자고 했다.

"배추김치 하나도 고객과의 약속입니다. 그런데 배추값이 올랐다고 해서 그 약속을 지키지 않는다면 우린 장사치밖에 안 됩니다. 우리 보하라가 지금처럼 성장할 수 있었던 것은 고객들이 우리를 믿고 찾아주신 덕분입니다. 그러니 우리 역시 고객들과의 신뢰를 지켜야 합니다."

"정 그러시면 배추김치를 무한 리필하는 것은 당분간 안 하는 게 어떨까요? 배추값이 많이 올라서인지 손님들이 예전보다 김치를 더 많이 드시네요."

"모자라서 더 드시고, 맛있어서 더 드시는 것인데 손해가 난다고 해서 더 안 드린다고요? 그건 있을 수 없는 일입니다."

나는 단골고객들께는 오히려 집에서 드시라고 김치를 싸 드리라고 했다. 점장들은 황당하다는 표정을 지었지만 나는 뜻을 굽히지 않았다.

"여러분들이 볼 때 이 배추파동이 얼마나 갈 것 같나요? 길어야 2~3개월입니다. 그 짧은 몇 달간의 손해에 속을 졸이며 고객과의 약속을 저버릴 겁니까?"

나는 신뢰란 약속을 지키는 것부터 시작되며, 약속을 지키기 위해서는 정직한 마음과 행동이 기본 중의 기본임을 강조했다.

장사든 사업이든 일단 시작한 이상은 '성공'이라는 결실을 얻어야 한다. 하지만 그 성공은 반드시 정직한 과정을 거쳐야만 한다. 정직하지 않은 성공은 내 것이 아니며, 당당할 수도 없다. 그래서 나는 직원들의 실패나 실수에 대해서는 관대하지만 부정에 대해서만큼은 단호하게 대처한다. 한 사람의 부정이 회사와 가맹점 모두를 치명적인 위기에 빠뜨릴 수 있기에 일벌백계하는 것이다.

직영점은 물론이고 전 가맹점 모두 식재료의 재사용을 금지하고, 정확한 매뉴얼대로 음식을 내어가게 하고, 위생이나 서비스 등에서도 고객과의 약속이 잘 지켜지도록 지도한다. 그리고 정기적인 교육을 비롯해 슈퍼바이저의 지속적인 점검, 미스터리 쇼퍼(Mystery Shopper)의 활동을 통해 모든 매장이 긴장을 늦추지 않도록 관리하고 있다.

잘 정리된 생각이 정성스런 마음을 만든다

나는 어릴 때부터 정리정돈을 매우 중요하게 생각했다. 집이 워낙 좁다 보니 정리정돈을 조금이라도 소홀히 하면 다리 뻗고 누울 공간마저 없어지니 선택의 여지가 없었다. 그래서 '정리(整理)'는 내 삶의 중심이 되는 중요한 가치가 됐다.

"자신의 생활공간, 업무공간 등 주변이 어지러운 사람은 생각도 마음도 어지럽습니다. 그런 사람은 우리 회사와 맞지 않습니다. 수습 기간 3개월 동안 저는 정리정돈과 같은 업무 외적인 부분들도 꼼꼼히 살필 것입니다."

본사나 직영점 직원을 뽑을 때 나는 아예 이런 부분들을 강조한다. 함께 일할 사람의 업무적인 능력도 중요하지만 그 사람의 '기본'이라 여겨지는 삶의 태도는 더욱 중요한 부분이기 때문이다. 특히 음식을 다루는 업종이다 보니 정리정돈은 소홀히 여겨서는 안 되는 요소이다.

한편, 성장을 바라고 성공을 바란다면 자신의 주변 환경을 잘 정리하는 것은 물론이고 자신의 생각이나 마음도 잘 정리해야 한다. 특히 어떤 일을 시작하기 전에 생각과 마음의 정리가 되지 않으면 이후 일을 진행하면서 혼란을 피할 수 없다.

2006년 ㈜보하라를 창업했을 당시 나는 프랜차이즈 사업이 갖춰야 할 내부적인 시스템에 대해 올바르게 이해하고 정리해두지 못했었다. 학문적으로도 배우지 못했을 뿐만 아니라 나 스스로 그것에 대한 생각의 정리조차 없이 의욕만으로 덜컥 사업을 시작한 것이다. 하지만 매장의 수가 점점 늘어날수록 열정과 의욕만으론 채워지지 않는 부분들이 있었다.

이후 대학원에 진학하여 프랜차이즈 사업에 대해 체계적으로 배우며 부족한 부분들을 채우고 정리해 나갔다. 그때의 경험을 통해 나는 뭐든지 일을 시작하기 전에 그 일에 대한 개요나 본질적인 것을 충분히 습득하고 생각을 정리할 필요성을 깨달았다.

이렇게 생각의 정리가 잘된 사람은 이후 일을 진행할 때도 '정성(精誠)'을 다한다. 자기가 왜 이 일을 하는지, 그리고 이 일을 통해 이루고자 하는 것이 무엇인지에 대해 명확하게 정리된 사람이 일을 소홀히 하는 경우는 극히 드물다.

입사 때부터 '보하라의 최고경영자'라는 분명한 목표를 가지고 있던 직원이 있다. 얼핏 들으면 꽤 당돌해 보이는 꿈이었지만 나는 그의 진심을 느낄 수 있었기에 눈여겨보았다. 현장에서부터 시작해 단계별로 경력을 쌓는 등 그는 자신의 꿈과 목표를 이루기 위한 커리어 패스도 명확하게 정리해두고 있었다.

"육수를 조금 더 부어드릴까요?"

"어? 어떻게 아셨어요. 지금 막 벨을 누르려고 했는데."

현장에서 근무하던 시설부터 그의 정성은 남달랐다. 항상 고객의 모습을 살피고 응시하고 있다가 고객이 벨을 누르기도 전에 달려가 부족한 부분을 채워드렸다. 그뿐만 아니다. 매장에 들어오는 고객의 모습이 보이면 먼저 나가서 문을 열어드리고, 계산서를 들고 자리에서 일어나는 고객의 모습이 보이면 먼저 뛰어나가 계산서를 받아들며 맛있게 드셨는지를 물었다. 이런 그의 정성을 고객이 모를 리 없다. 그가 점장으로 근무했던 매장은 매출 향상은 물론 고객들의 만족도도 아주 높았다.

현재 그는 본부장이 되어 감자탕사업부를 맡고 있다. 현장에서 근무할 때와 달리 직접 고객을 대면할 일은 줄었지만 그의 정성만큼은 변함이 없다. 점주 한 분 한 분에게 정성을 다하고 자신을 찾는 곳이라면 어디든 달려가 점주님들의 목소리에 귀 기울이고 정책에 반영되도록 노력한다.

이처럼 자신의 꿈이 마음속에 단단히 정리되어 있는 사람은 일하는 자세와 태도부터 남다르다. 즉, 확실한 꿈을 가지고 있는 사람, 목숨과도 바꿀 수 있는 꿈을 가지고 일하는 사람은 일을 할 때도 남다른 빛이 난다. 그 일을 해야 할 분명한 이유가 명확히 정리돼 있으니 끝없이 열정이 샘솟을 수밖에….

마지막으로, '정확(正確)'은 무슨 일이든 그것을 진행하고 완성하기까지 전 과정을 빠트림 없이 꼼꼼하게 돌이켜보며, 완성도 있게 마무리 됐는지 다시 한번 확인하는 것을 의미한다. 나는 항상 식원들에게 "일을 할 때 정직하게 시작해서 최종적으로 정확하게 한 번 더 확인하라."라고 강조한다.

사업을 할 때 '정확'은 '정직'을 뒷받침해주는 역할을 한다. 투명한 경영을 하기 위해서는 숫자와 시간에 대해 정확해야지만 건강한 회사가 될 수 있다. 이 부분을 부실하게 다루는 순간 정직도 무너지게 된다. 또한 정확하지 않은 것에 대한 결과는 비용이나 시간 등에 대한 손실을 동반한다.

사업 초기에 나 역시 정확하지 못해서 낭패를 본 적이 몇 번 있다. 사업은 직원을 고용하고 거래처에서 물품을 구매하고 납품하는 등과 같은 대부분의 행위가 계약서를 통해 진행된다.

"아니 이게 왜 이렇게 돼 있죠? 동그라미 하나가 더 들어가 있잖아요."

"그러게요. 이게 왜 이렇죠?"

"뭐라고요! 자그마치 3천만 원입니다. 동그라미 하나 때문에 우리가 3천만 원을 손해 보게 생겼다고요!"

뒤늦게 계약서가 잘못된 것을 확인하고는 거래처에 사정을 해보았지만 먹히지 않았다. 계약서에 사인을 한 이상 이미 계약은 성립된 것이니 그대로 지불해 달라는 것이다. 구매 담당자의 실수이긴 했지만 최종 사인은 대표인 내가 하는 것인 만큼 내 책임이 컸다.

결국 계약서대로 금액을 지불하고 비양심적인 그 거래처와는 그 계약을 마지막으로 거래를 끊었다. 3천만 원이라는 엄청난 수업료를 내고 '정확'의 필요성에 대해 뼈저리게 느꼈던 사건이었다. 그덕분에 이후로는 나를 비롯한 전 직원들이 모든 계약서를 일일이 확인하며 더 꼼꼼하고 정확하게 처리하고 있다.

이 밖에도 시스템에 의한 정확한 재고관리를 통해 로스가 발생되지 않도록 관리하며, 보고서에 적힌 숫자나 글자도 오타가 나지 않도록 주의를 기울이고 있다. 공식적인 문서인 만큼 확인하고 또 확인해 정확성을 높이는 것은 기본 중의 기본이다. 이처럼 매사에 '정확'을 습관화해두면 실수를 줄일 수 있다.

위기의 순간을 견디지 못해 흔들리고 무너지는 기업도 있지만 상승세를 타고 흥해가는 과정에서 일순간 무너지는 기업도 있다. 성공에 자만하며 초심을 잃은 탓도 있겠지만 갑작스런 위기에 우왕좌왕하며 흐트러진 모습을 보이다 고객의 외면을 받는 경우도 있다. 그래서 장사든 사업이든 그것을 시작하기 전엔 반드시 기본적인 철학을 정립해두는 것이 좋다. 그러면 위기의 순간이든, 사업이 너무 잘돼 자칫 교만해질 수 있는 순간마저도 중심을 똑바로 잡을 수 있다.

성공하려면
사람부터 보라

나는 본사 직원이나 직영점의 직원 등 함께 할 사람을 뽑을 때 가능한 직접 면접을 본다. 그리고 가맹점주를 모실 때도 그의 인품과 태도 등 '사람' 그 자체를 가장 중요한 기준으로 둔다. 무작위로 모인 100명보다 한곳을 바라보며 손을 맞잡은 단 10명의 사람이 더 힘이 세다는 것을 알기 때문이다.

㈜보하라를 창업하고 초기 몇 년간 이렇다 할 성과가 나오지 않자 점점 절망감이 커져갔다. 마음을 나잡고 다시 힘을 내고 싶었지만 함께 하는 직원들조차 모두 마음이 떠난 듯 흐트러진 모습을 보이니 회사를 그만 정리하고 싶다는 생각까지 들었다.

"나는 이제 회사를 정리하려고 합니다. 여러분들도 알다시피 회사는 계속 적자인 데다 지금 이 상태론 이렇다 할 희망도 없습니다. 이 번 달 급여는 물론이고 추가로 한 달분의 급여를 더 드릴 테니 여러 분들 모두 새로운 직장을 구하세요."

나름 비장한 각오로 최후통첩을 한 것이지만 한편으론 기대도 있 었다. 그들이 다시 '우리'가 되어 하나로 뭉쳐주길 바랐던 것이다. 그 런데 안타깝게도 단 한 명을 제외하곤 다들 알겠다고 했다.

"안 됩니다! 절대 안 됩니다. 대표님이 어떤 마음으로 이 사업을 시 작했는지 잊으셨습니까? 최고의 브랜드를 만들겠다고 저랑 약속하 지 않으셨습니까? 그러니 무조건 끝까지 가야 됩니다."

타 프랜차이즈 감자탕 지사를 하던 시절부터 내 옆을 지켰던 K 과 장이었다. 나는 K 과장만 남기고 다들 퇴직하는 것으로 최종 결정을 내렸다. 물론 그렇다고 해서 회사를 계속 유지할 마음도 없었기에 나 는 K 과장을 따로 불러 감사의 마음을 전했다.

"노원점을 과장님 명의로 해줄 테니 여기 남아서 내 대신 정리를 좀 해주세요."

몸도 마음도 지칠 대로 지친 나는 얼른 서울로 올라가 편히 쉬고 싶었다.

"저 그런 거 필요 없습니다. 대표님이 그랬잖아요. 정말 창업자들 이 믿을 수 있고, 우리 브랜드를 선택하면 모두가 성공할 수 있는 그 런 최고의 브랜드를 만든다고요. 그래서 저도 지금까지 대표님과 함 께 한 것인데 지금 와서 이러시면 저는 어쩝니까? 저한테 했던 약속 무조건 지키십시오!"

K 과장의 말은 내게 다시 불씨가 돼 주었다. 모두가 등을 돌려도 나를 알아줄 단 한 명의 동지만 있으면 천군만마가 부럽지 않다고 하더니만, 정말 그런 느낌이었다. 내 진심을 알아주는 단 한 명의 동지가 나만큼이나 절박한 마음으로 다시 시작해보자고 내 손을 끌어당기니 죽었던 마음이 다시 살아난 듯 힘이 절로 났다.

진짜만 같이 가자

성경에 보면 기드온이란 사람이 16만 명의 적을 단 300명만으로 무찌른 이야기가 나온다. 조국인 이스라엘이 위기 상황에 처하자 전국에서 3만 2천 명의 지원병이 몰렸지만 기드온은 하나님의 계시로 300명만 남기고 모두 돌려보낸다. 전쟁이 두려운 사람, 갈증을 해소해줄 물을 만난 반가움에 경계의 태도를 허문 사람 등을 돌려보내고 나니 300명이 남았다. 조국을 위해 목숨을 바칠 태도를 갖춘 진짜 병사만 남은 것이다.

나는 K 과장과 함께 ㈜보하라의 제2의 탄생을 도모했다. 새롭게 직원들을 뽑아 브랜드 리뉴얼에 들어간 것이다. 이전의 실수를 반복하지 않기 위해 이번에는 아예 직원들을 뽑을 때 내가 직접 면접을 보고 테스트까지 실시했다. 당시 인상 깊게 읽었던 책의 내용을 참고해 지원자들의 절박함과 강인함을 테스트해본 것이다.

우선은 면접을 보러 올 때 자신의 꿈을 적어오라고 했다. 그리고 다른 지원자들 앞에서 그것을 발표하게 했다. 대표인 내가 그 직원에 대해 파악해야 할 필요도 있었지만 무엇보다 직원 스스로가 자신의 꿈을 명확히 정리하고 가슴에 새겨두라는 의미가 컸다.

나는 분명한 꿈을 품고, 그것을 이루기 위한 마음이 간절한 사람들만 합격점을 줬다. 그리고 발표 이후엔 곧장 간절함을 확인하기 위한 테스트에 들어갔다. 공원에 있는 공중화장실 청소도 시키고, 운동장 1000미터 달리기도 시키는 등 저녁이 될 때까지 혹독한 테스트를 이어갔다.

나는 잘나고 똑똑한 사람보다 간절하고 절실한 사람이 필요했다. 함께 힘을 모아 목적지까지 가려면 나만큼이나 간절한 사람이라야 된다. 도중에 힘들다고 노를 놓아버릴 사람은 아예 처음부터 함께 하지 않는 게 낫다.

2014년에 남다른감자탕 부산대신점을 살리기 위해 현장에 내려갔을 때도 나는 함께 하는 사람들의 태도부터 점검했다. 음식장사의 기본이라 할 수 있는 맛이나 친절, 청결 등 모든 것의 주체는 사람이기에 사람이 곧 성공의 중요한 요소이자 실패의 원인이었다.

당시 부산대신점은 정직원과 아르바이트 직원을 합쳐 10명이 일하고 있었다. 나는 함께 할 사람을 가려내기 위해 그들 모두와 일일이 개별 면담을 했다. 한 명당 평균 30분의 시간이 소요됐고, 어떤 경우는 2시간까지 면담이 이어지기도 했다.

함께 하느냐, 떠나보내느냐를 판단하는 가장 큰 기준은 '태도'다. 그 사람의 능력은 함께 일을 해봐야만 확인할 수 있는 것이기에 우선은 마인드와 태도부터 살폈다. 예컨대 내가 그에게 목표를 제시하며 열정적으로 끝까지 함께 할 수 있겠느냐는 질문을 했을 때, "네, 할 수 있습니다!"가 아닌 "그게, 그러니까…."라며 미적지근한 태도를 보이는 사람은 떠나보내야 할 사람이다. 그리고 나와 대화를 할 때 시선이 다른 곳을 향하는 사람에겐 그다지 믿음이 가지 않는다. 입은 거짓을 말할 수 있어도 눈은 거짓을 말할 수 없다고 하지 않던가. 당당하고 진실하다면 상대의 눈을 피할 이유가 없다.

그 외에도 나는 직원들 모두에게 "이 가게가 왜 망한 것 같은가?"를 물었다. 놀랍게도 하나 같이, "글쎄요", "그러게요", "저야 모르죠."와 같이 큰 관심을 두지 않았다. 그곳에서 짧게는 몇 달, 길게는 몇 년을 함께 있었던 그들이 모르겠다면 이유를 알 사람이 누가 있겠는가. 또한 그들 대부분이 "경기가 너무 안 좋다", "상권이 다 죽었다."와 같이 외부환경이나 남 탓을 했다.

나는 직원들과의 면담을 마친 후 그곳이 왜 망했는지 알고도 남을 것 같았다. 주인장은 물론이고 직원들의 마음이 모두 가게를 떠나 있었다. 그러니 맛이나 서비스, 청결 등이 모두 엉망이 될 수밖에 없었고, 고객 또한 발길을 돌릴 수밖에 없었던 것이다.

물론 그들과의 면담은 사람 자체를 평가하는 것은 결코 아니었다. 내겐 누군가를 평가할 권한도 없으며, 그럴 이유도 없다. 단지 나와 함께 일할 사람이니 내가 절실한 만큼 그도 절실한지를 보는 것이다. 나는 죽을힘을 다해 뛰는데 함께 가는 동료는 설렁설렁 걷는다면 그의 손을 놓아야 한다. 그리고 나와 같이 죽을힘을 다해 뛸 다른 동료를 찾아야 한다.

"저를 비롯해 직원들 모두가 너무 흐트러져 있었습니다. 저는 어떻게든 이곳을 다시 살려보고 싶습니다."

모든 직원의 면담을 마친 후 나는 기존 직원 모두를 내보내고 당시 아르바이트 직원으로 근무하던 한 분만 고용을 유지했다. 대신점이 망하는 것에 자신도 책임이 크며, 어떻게든 매장을 살려보고 싶다던 아주머니이다. 퇴직해서 집에만 있는 남편이 불편해 우리 매장을 찾으셨던 분이니 당시로도 제법 고령이셨다.

54세라는 늦은 나이에 첫 사회생활을 시작한 분이셨지만 자신에게 주어진 책임을 다해 점포를 살리려 애쓰셨다. 그리고 남다른감자탕과 함께 하며 자신의 점포를 열겠다는 분명한 꿈까지 품게 되었다. 3년이 지난 지금, 이 분은 대신점의 점장이 돼 그곳을 더욱 열정적으로 이끌고 계신다. 꿈을 갖는다는 것은 결코 나이라는 숫자와는 무관하단 것을 온몸으로 증명해 보이신 셈이다.

한편, 새로운 직원을 뽑을 때도 나는 지원자들의 마음과 태도를 세세히 살폈다. 늘 강조하듯이 간절함이 크거나 분명한 목표와 꿈을 가진 사람인지를 보는데, 그런 기준으로 뽑으면 대부분은 열정적으로 일을 한다. 튼튼한 다리를 가진 사람보다는 달려야 할 분명한 이유를 가진 사람이 적극적으로 열정을 끌어내기 때문이다.

간절함이 최고의 스펙이다

나는 나와 함께 할 사람을 뽑을 때 '간절함'의 깊이를 제일 우선으로 여긴다. 간절함은 나무로 치면 뿌리와 같고, 그 깊이는 뿌리의 튼튼함과 크기를 가늠할 수 있는 잣대가 된다. 함께 일을 할 직원이든 가맹점주이든 간절함이 없거나 그 깊이가 약한 사람은 열심히 달리지도 않을 뿐더러 작은 위기가 와도 마음이 쉽게 흔들린다.

타 감자탕 브랜드의 대구지사를 할 때의 일이다. 우리 매장이 문전성시를 이루니 이듬해 봄부터 여기저기서 가맹점을 내달라며 찾아왔다. 당시 내가 가맹점을 내주는 주요 기준이 몇 있었는데, 우선 매장이 100평 이상의 큰 규모여야 했다. 외식프랜차이즈 사업이 성행하면서 직장의 단체 회식이나 대가족 단위의 식사를 즐길 대형매장이 인기가 높았다. 그래서 내 나름 100평 이상이라는 기준을 둔 것이다.

대부분의 프랜차이즈 감자탕 매장은 100평 기준으로 할 때 점포 임대보증금, 인테리어비용 등 투자비가 4~5억 원 정도 들어간다. 그런데 당시 대구에서 그 정도 돈을 가지고 있는 사람들의 대부분이 섬유업을 하다가 사업이 잘 안 되서 다른 거 뭐 할 것 없냐며 알아보는 사람들이었다. 그러던 차에 우리 점포가 문전성시를 이루니 "어? 이거 좀 되네. 니도 이거나 한번 해볼까?"라며 찾아오는 것이다.

나는 이런 마음으로 문의를 해오는 사람은 모두 거절했다. 장사를 할 때 뒷짐 지고 사장놀음이나 하고 있을 위험이 크기 때문이다. 그리고 조금이라도 운영이 힘들어지면 본사나 지사 탓을 하다 금방 문을 달을 가능성도 크다. 장사, 특히 먹는장사는 주인장의 땀이 곧 매출과 비례하기에 사장놀음이나 할 심산으론 절대 성공하지 못한다. 이거 아니면 죽는다는 각오로 임해도 성공을 보장하지 못하는 마당에 '이거나 한번 해볼까'라며 툭 건드려 보는 것은 천운이 따르지 않는 한 망하기 십상이다.

'이거나 한번 해볼까?'라는 가벼운 마음으로 문의를 해오는 사람들 외엔 대부분 예산이 넉넉하지 못해 40~50평 정도의 매장 정도만 가능한 상황이었다. 그들 중엔 자녀는 물론이고 연로한 부모님까지 부양해야 하는 딱한 처지의 분들도 있었는데, 이야기를 나눠본 후 그 간절함이 남다르면 어떻게든 도와드리려 애썼다.

"지사장님, 우리 이거 꼭 해야 합니다. 부모님 병원비, 애들 학비까지 충당하려면 이거 아니면 절대 안 됩니다. 어떻게든 돈을 더 마련할 테니 가맹점을 꼭 내주십시오."

나는 가맹점 상담을 할 때 마음이 와 닿는 사람은 최소 두 시간 이상 이야기를 나눈다. 서로 궁금한 것을 물어보고 답을 하다 보면 그가 왜 이 일을 하려고 하는지, 어떤 상황에 처해 있는지, 심지어 가정 형편까지도 대략적인 파악이 가능하다. 진실하고 간절함이 깊다고 느껴지면 최종적으로 그의 눈빛을 찬찬히 본다. 서로 교감이 되는지를 살피는 것이다.

나의 경험에 비추어 보면, 효자들은 그렇지 않은 사람들에 비해 그 간절함이 더 깊어서 성공 확률도 아주 높다. 대부분의 사람들은 가족을 지키려는 마음이 간절함으로 작용하는데, 특히 부모에 대한 애잔한 마음이 클수록 열심히 하고 잘하려는 의지가 크다. 실제로 지난 십여 년 동안 여러 가맹점을 내주고 지켜본 결과 효자는 반드시 성공을 거뒀다. 물론 우여곡절도 있고 그 규모의 차이도 있지만 반드시 성공한다. 그들은 절대 남한테 손가락질을 받거나 못살지 않는다.

대구 칠곡의 가맹점주 역시 그 간절함이 남달랐기에 큰 성공을 거둔 분이다. 현재 10년 넘게 같은 자리에서 감자탕 매장을 하고 있는데, 처음엔 타 브랜드의 감자탕이었지만 내가 ㈜보하라를 창업한 이후 남다른감자탕으로 브랜드를 바꿀 만큼 나에 대한 신뢰가 크다. 점주님이 처음 나를 찾아왔을 때 프랜차이즈 호프집을 하다 망한 상태라 가진 돈이 많지 않았다. 연로하신 부모님까지 모시고 있는 데다 아이들 학비까지 줄줄이 들어가니 마지막이란 심정으로 나를 찾아왔다.

점주님의 간절함과 성실함을 확인한 나는 최대한 그분을 돕기로 했다. 점주님이 부족한 돈을 융통하러 다니는 동안, 나는 임대보증금이 낮으면서 장사가 잘 될 가능성이 있는 가게를 물색하러 다녔다. 그러던 중 내 눈에 확 들어오는 가게자리가 있었다. 얼핏 보기엔 C급 정도의 자리였지만 소문만 나면 대박이 날 가능성이 충분한 자리였다.

"사장님, 이 자리 하십시오."

"네? 여긴 너무 후미진 곳인데요. 게다가 장사가 안 되는지 가게도 텅 비어 있고…."

"괜찮습니다. 저를 믿고 하십시오."

10달 동안 달세를 못내 결국 전 주인이 장사를 포기하고 나갔을 정도로 장사가 안 되던 가게였다. 하지만 나는 대구지사 자리를 살필 때처럼 나무보다는 숲을 보며 대박의 가능성을 읽었다.

"지사장님, 정말 감사합니다. 우리 가족의 은인이세요."

"아휴, 아닙니다. 다 사장님이 열심히 하신 덕분이지요."

나의 판단은 적중했다. 가게가 오픈하자마자 대박을 치더니 한 달 평균매출이 1억 7천만 원을 웃돌았고, 매달 6천만 원 정도의 순수익이 났다. 그 덕분에 점주님은 6개월 만에 빚을 다 갚고 몇 년 뒤엔 매장을 하나 더 냈다. 그리고 현재는 6층짜리 상가의 건물주가 됐을 정도로 승승장구하고 계신다. 점주님은 아직도 내게 은인이라 표현하시며 감사한 마음을 전하시지만 그것은 결코 점포 자리의 가능성을 알아본 내 안목 덕분이 아니었다. 배우자와 자녀 그리고 부모님까지 어깨에 짊어지고 달려야 했던 그 절박함이 아니었다면 결코 이뤄내지 못했을 성과였다.

덜 벌어도 살 수 있는 사람은 마음도 느긋하고 여유롭다. 설령 고꾸라져도 혼자 훌훌 털고 일어나면 된다. 하지만 부모와 가족을 등에 업고 달리는 사람은 절대 고꾸라질 수가 없다. 일순간에 모두가 다치고 힘들어지기 때문이다. 그래서 달리는 그 길에서 장애물을 만나도 어떻게든 뛰어넘으려 애쓰지 결코 멈춰 서거나 포기하지 않는다.

미인이 넘치는
가게

㈜보하라에는 미소, 인사, 정리, 정돈, 청결을 핵심이념으로 하는 '미인-A.O.C 운동'이란 것이 있다. 이것은 나의 오랜 영업철학인 동시에 ㈜보하라의 든든한 기본정신이기도 하다. 별 것 아닌 듯 보여도 이것은 단 한 가지도 소홀히 해서는 안 될 장사의 가장 기본인 동시에 성공의 중요한 핵심요소이다.

"기본부터 다시 진단해야 합니다. 해야 할 것을 제대로 하지 않으면서 장사가 잘되길 바랄 수는 없는 일입니다."

㈜보하라의 모든 매장은 전년도보다 매출이 10% 이상, 3개월 연속으로 하락하는 경우 특별관리 매장으로 지정된다. 그리고 매장의 회생을 위해 슈퍼바이저와 기획담당자 등 전문가들로 구성된 위기

관리팀이 배정된다. 그때마다 나는 '기본'에 더욱 충실해야 함을 강조한다.

"우리 보하라의 5대 정신인 미소, 인사, 정리, 정돈, 청결이면 충분합니다. 기본만 잘 지켜도 성공할 수 있다는 것을 반드시 보여드리세요."

프랜차이즈 가맹점의 경우 인테리어나 메뉴, 음식 맛, 관리 시스템 등이 동일하기에 장사가 잘되는 매장과 그렇지 못한 매장의 차이는 결국 '기본'을 얼마나 잘 지키느냐에 있다. 실제로 위기를 겪었던 매장의 대부분이 '미인-A.O.C 운동'만으로도 매출향상이 이루어졌으며, 이전과 비교해 매장의 분위기도 확연하게 밝아졌다.

'미인-A.O.C 운동'의 '미인'은 '미소'와 '인사'의 첫소리를 딴 말이다. 서비스업에 종사하는 사람에 관한 이미지를 그려보면 대부분 환한 미소를 짓는 얼굴이 먼저 떠오른다. 그런데 아이러니하게도 실제 서비스업에 종사하는 사람들 중 미소로 고객을 대하는 사람은 그리 많지 않다. 입은 "반갑습니다", "감사합니다."라고 말하지만 얼굴은 전혀 반갑지도, 감사하지도 않은 표정을 하고 있다.

감정노동이든 육체노동이든 사람을 상대하는 일은 그 어떤 일보다 어렵고 힘들다. 그럼에도 고객은 그들에게 환한 미소를 기대한다. 반가움의 미소, 친근함의 미소, 감사함의 미소가 뿜어져 나와야 비로소 고객의 얼굴에도 미소가 번진다.

㈜보하라의 모든 직영점은 아침 9시 30분이 되면 조회를 한다. 보통은 10분 정도의 시간이 소요되는데, 특별관리가 필요한 점포인 경

우 조회시간은 30분으로 늘어난다. 조회시간엔 아예 입구에 안내문을 내건 후 점포 문을 걸어 잠근다. 오롯이 조회에 집중하기 위해서이다.

비록 열 명 남짓한 직원을 두고 하는 조회이지만 나름의 순서와 규칙이 있다. 조회의 가장 첫 번째 순서는 '미인', 즉 '미소 지으며 인사하기'이다. 자신과 함께 선 동료들의 얼굴을 보며 환한 미소로 인사를 나누는 것이다.

"안녕하십니까? 좋은 하루 되십시오."

"반갑습니다. 행복한 하루 되십시오."

함께 일하는 동료에게, 내 가게를 찾아주고 내가 만든 음식을 맛있게 드셔준 고객에게 미소를 짓는 것이 힘든 사람은 장사할 자격이 없다. 그러니 장사나 서비스업으로 돈을 벌겠다는 마음을 먹은 사람은 내 마음과 얼굴을 수양할 책임이 있다. 내가 사장인지 직원인지는 아무 상관없다. 고객은 그런 것을 따지지 않는다. 문을 열고 들어섰을 때 자신과 눈을 마주친 그가 미소를 짓는지 찡그리는지만 볼 뿐이다.

행복해서 웃기도 하지만 웃어서 행복해지기도 한다. 마음으로부터 우러나오는 미소가 가장 바람직하겠지만 하루 종일 발바닥에 불이 나도록 일을 하다보면 어느새 미소는 사라지고 표정이 굳어져간다. 그래서 나는 직원들에게 미소를 훈련시킴으로써 고객에 대한 감사와 반가움, 친근함 등을 더욱 깊이 새기는 방법을 선택했다. 환한 미소를 지으며 큰소리로 "반갑습니다, 고객님!", "감사합니다, 고객님!"을 외치다 보면 정말 고객은 반갑고 고마운 존재가 된다.

성공의 기본은 '기본을 지키는 것'

'A.O.C'는 정리(Arrangement), 정돈(Order), 청결(Cleanliness)의 첫 글자를 딴 것으로 매장 안팎은 물론이고 자신의 마음속까지 정리정돈하자는 의미가 담겨 있다. 나는 어릴 때부터 정리, 정돈, 청결에 관한 개념이 철저했다. 월세 단칸방에 살아도 늘 청결하고 단정하게 집을 가꾸셨던 어머니를 닮아 나 역시 집이든 직장이든 반짝반짝 광이 나고 반듯하게 정리정돈하려 노력했다.

군대 전역 후 직장생활을 하면서도 나만의 경쟁력을 갖추기 위해 남들보다 더 일찍 출근해 사무실을 청소하고 정리정돈을 했다. 깔끔하게 정돈된 환경에서 일하는 것도 좋았지만 무엇보다도 내 마음을 올바르게 갖추고 하루를 시작하니 일이 술술 풀리는 듯했다.

음식장사를 시작한 이후에는 위생과 청결에 대한 철학도 더욱 확고해졌다. 먹거리를 다루는 공간은 무엇보다도 청결이 최우선이다. 그래서 나는 위생과 청결에 있어서만큼은 단 1%도 양보하지 않는다.

"좋은 놀이기구를 갖춰두는 것보다 더 중요한 것이 놀이방의 위생과 청결입니다. 내 아이가 그곳에서 논다는 마음으로 철저히 소독하고 청소하셔야 합니다."

남다른감자탕 매장에 갖춰진 놀이방은 그 규모도 남다르지만 무엇보다 위생과 청결에 있어서도 철저하게 관리되고 있다. 아이들은 그 고유의 특성 상 손과 입은 물론 온몸으로 놀이를 즐긴다. 이런 이유로, 남다른감자탕은 하루에 최소 두 차례 이상 전 직원이 투입되어

친환경 소독제로 놀이방과 놀이기구를 소독하고, 구석구석 쓸고 닦으며 청소를 한다. 놀이방을 만들어만 놓고 청소와 소독이 전혀 안 된다거나 눈에 보이는 곳만 설렁설렁 치우려면 차라리 놀이방 자체를 없애는 게 낫다.

점포 내의 위생과 청결은 화장실이라고 해서 예외일 수 없다. 특히 음식점의 화장실은 그 위생과 청결에 더더욱 신경 써야 한다.

"아니, 대표님께서 직접 화장실 청소를 하시려고요?"

"내가 안 하면 누가 합니까? 저렇게 더러운 것을 보고도 아무도 안 하는데 나라도 해야지요."

창업 초기에는 부진한 매장의 회생을 위해 내가 직접 나서기도 했는데, 그때마다 나는 제일 먼저 팔을 걷어붙이고 가장 더러운 화장실과 창고부터 청소해 나갔다. 백 마디의 말보다는 힘이 센 것이 솔선수범이란 것을 잘 알기에 늘 그렇듯이 땀을 아끼지 않았다.

아무리 음식 맛이 좋아도 주변이 청결하지 않다면 고객의 입장에선 고개가 절로 내저어진다. 그러니 고객을 위해 그리고 나 자신을 위해 잠시의 짬을 내어 정리, 정돈, 청결에 투자하는 것은 더 큰 수확을 위해 땅을 고르고 기름지게 만드는 사전 작업과도 같은 것이다.

감사하게도 직원들 역시 이런 나의 철학을 잘 따라준 덕분에 우리 ㈜보하라는 지난 2014년에 '주방 문화 개선 유공자 표창 식약처장상'을 수상했다. 식품의약품안전처는 음식점 주방의 위생을 확보함으로써 식품안전 강국을 건설하겠다는 취지로 주방 문화 개선 캠페인, 포럼, 공모전 등 다양한 사업을 추진해왔고, 이에 적극 동참한 우수 업체를 뽑아 시상했다.

프랜차이즈 외식 기업들 중 한식, 양식, 일식, 중식 등 각 분야에서 한 업체만 선정해 상을 주었으니 우리 ㈜보하라가 이 상을 받은 것은 영광이 아닐 수 없다. 모범적인 위생관리로 안전한 먹거리를 제공하고 있음을 정부로부터 공인받은 것이니 세상 그 어떤 상보다 더 자랑스럽다.

주방CCTV 촬영과 실시간 상영을 통해 고객들에게 주방을 온전히 공개했다. 그리고 주방 직원의 장화와 앞치마 착용, 그릇 및 주방 용품의 살균을 위한 소독기 사용, 각 재료별로 도마를 구분 사용, 손 소독제 사용, 인덕션레인지 사용 등을 직접 실천하면서 지속적인 위생 청결 관리에 힘써왔다.

㈜보하라가 해당 상을 수상한 구체적인 이유이다. 이 얼마나 감사하고 자랑스러운 일인가! 상을 준 정부에게도 감사하지만 무엇보다 우리 직원들에게 감사하다. 우리는 정부의 지침과는 무관하게 창업 초기부터 주방의 청결과 위생에 철저하게 신경을 써왔다.

"우리는 감자탕 장사를 하지만 주방은 호텔보다 더 청결하게 해야 합니다. 주방 안의 청결은 기본이고 보이지 않는 주방 밖의 뒷공간까지도 청결하게 관리합시다."

뼈를 버리는 냉장고를 따로 둘 정도로 매장 밖의 보이지 않는 부분까지도 철저히 관리하며 위생과 청결을 지키는 것은 우리에게 이미

일상화 돼 있었다. 오죽하면 손님을 가장한 암행어사와도 같은 식약처의 감시에도 허점은커녕 장점만 보였을까. 이 모든 것이 일상화되기까지 ㈜보하라 직원들의 손과 발은 남들보다 더 날래고 그들의 이마엔 몇 배의 땀방울이 흘렀을 것이다. 하지만 그것은 당연히 지켜져야 할 기본일 뿐이니 미안함이 아닌 감사함으로 나의 마음을 전한다.

나는 뻔뻔(FUN FUN)한
직원이 좋다

나는 ㈜보하라를 설립하고 5년이 지난 2011년에 건평 400평 규모의 본사를 대대적으로 리모델링했다. 그 규모도 규모이지만 쓰임새에 따라 각각의 공간을 분리하고 거기에 맞는 시설과 인테리어에도 큰 돈을 투자했다. 본사 직원이라곤 6명이 전부였을 때니 다들 나를 보고 미쳤다고 했다.

나는 충분히 회사를 키울 자신이 있었기에 애초에 사옥을 지을 때 제대로 짓겠다는 생각이 강했다. 특히 지금은 비록 6명이 전부이지만 훗날 직원이 수십 명으로 늘어날 것을 확신하며, 그들이 즐겁고 편하게 근무할 수 있는 환경을 만들어두고 싶었다.

㈜보하라 본사의 1층에는 제법 큰 규모의 직원휴게실이 있다. 직

원휴게실은 '남다른 꿈을 꾸는 다락방'이라는 뜻으로 '남다방'이라는 이름을 붙였다. 이곳에는 게임기와 안마의자 등이 갖춰져 있는데, 업무에 관한 모든 고민을 내려놓고 그저 편안하게 휴식을 취하라는 의미에서 준비해둔 것이다. 그래서 입구에 '근무제한구역'이라는 문구와 함께 '업무, 고민, 눈치'는 출입을 엄금한다는 글귀도 적어두었다. 또 휴게실 2층은 숙면을 할 수 있도록 냉·보온 시설이 갖춰져 있고 수면 텐트도 마련되어 있다.

"아휴, 기획서 작성한다고 무리를 했더니 어깨가 뻐근하네요."

"휴게실 가서 안마 좀 받고 오세요."

직원들이 업무 중간중간 피곤함을 달래고 동료와 담화를 나눌 수 있는 휴게공간은 선택이 아닌 필수이다. 그럼에도 시설을 갖추는 데

드는 돈이나 공간을 아까워하거나 심지어는 업무에 집중하는 시간이 줄어든다며 아예 휴게공간 자체의 필요성을 인정하지 않는 곳도 더러 있다.

"오래 자리에 앉아 있다고 해서 우수한 결과물이 도출되는 것은 아닙니다. 참신한 아이디어와 결과물은 직원들의 행복지수에서 나옵니다."

언젠가 한 인터뷰에서 했던 말이다. 온몸이 피곤하고 스트레스로 마음마저 불편하다면 직장에 머무는 시간이 얼마나 고통스러울까. 직원들이 즐겁고 행복해야 고객을 만족시킬 만한 남다른 아이디어와 열정이 나올 수 있다.

좋은 직원과 함께 하기 위해서는 먼저 좋은 일터가 되어야 한다. 제아무리 똑똑하고 열정적인 직원이 들어와도 근무환경이나 복지, 이익배분이 만족스럽지 못하다면 능력 발휘는커녕 빨리 떠나고 싶다는 생각만 들 것이다. 그러니 "일할 사람을 구하기가 힘들다", "기껏 가르쳐놨더니 관둬버렸다."와 같은 투정을 하기 전에 우선 사람을 맞을 준비가 제대로 됐는지부터 살펴야 한다.

"우리 보하라의 모든 가맹점은 탈의실을 의무적으로 설치해야 합니다."

"네? 상권이 좋은 곳은 점포 임대료만도 만만치 않은데 꼭 그런 공간을 마련해야 하나요? 옷은 그냥 화장실에서 갈아입으면 될 테고, 손님이 없을 때 빈 의자에 앉아서 잠시 휴식하면 되잖아요."

"그건 안 됩니다. 이 규정을 지킬 수 없으시면 가맹점을 내어드릴 수 없습니다."

나는 직원들이 일터에서의 새로운 시작을 냄새 나는 화장실에서 열도록 하고 싶지 않다. 직장의 탈의실은 유니폼을 갈아입는 곳이기도 하지만 마음을 새롭게 갈아입는 곳이기도 하다. 유니폼을 입는 순간 모든 직원은 '나'를 내려놓고 '보하라人'이 된다. 프로가 되는 것이다. 새로운 옷과 마음으로 갈아입은 직원들은 가정에서의 걱정이나 우환들을 말끔히 털어내고 프로가 돼 음식을 만들고 고객서비스에 집중하게 된다.

더욱이 이런 작은 배려는 반드시 더 큰 열정으로 되돌아온다. 자신을 프로로 만들어주고 인정해주는 곳에서 일을 하니 자부심도 생기도 마음가짐도 남달라지는 것이다. 생각해보라. 잘 갖춰진 쾌적한 탈의실에서 유니폼을 갈아입고 거울에 비친 새로운 자신의 모습을 바라보며 직원들은 어떤 마음이 들까. 분명 그들은 주먹을 불끈 움켜쥐며 힘차게 "아자! 아자!"를 외칠 것이다.

하루 종일 손님을 맞으며 고생하는 직원에게 마음 편히 옷을 갈아입는 공간, 쉴 수 있는 공간조차 내어주지 않으려는 사람은 ㈜보하라와 함께 갈 수 없다. 오래전에 점포를 개설해 탈의실과 휴게실이 없는 매장은 관련 시설을 마련하는 비용 중 일부를 본사가 지원해줄 정도로 나는 이 부분에 대해 양보하지 않는다. 직원이 떠나려는 매장은 손님도 떠나기 마련이다.

직원 만족은 고객 만족을 불러오는 첫걸음이다. 합리적이고 정당한 수익배분은 기본이며, 다양한 복지 시스템을 갖춰 직원들을 오랫동안 일할 수 있게 해야 한다. 사람에게 투자하고 그들의 능력과 열정을 키우는 것이 무한경쟁 사회에서 기업이 생존하는 지름길임을 잊지 말아야 한다.

직원이 웃어야 기업이 오래 산다

지난 2016년 5월 8일은 ㈜보하라가 태어난 지 10년째 되던 날이었다. 10년이라는 긴 시간 동안 건강하고 정직하게 성장해준 것을 자축하는 의미에서 조촐하게나마 창립 10주년 행사를 했다.

"대표님, 보하라 창립 10주년 기념행사에 연예인은 누구를 섭외할까요?"

"연예인을 섭외하다니요?"

"보통은 그런 행사에 지역 유지나 연예인을 초대하지 않나요?"

"우리 회사랑 그분들이 무슨 상관이 있습니까? 우리 회사를 오늘날까지 키워주신 분은 직원들이고, 그들을 우리에게 믿고 맡겨주신 분이 부모님과 가족들입니다. 그러니 직원들과 부모님 그리고 그 가족들을 이번 행사의 주인공으로 초대해야지요."

나는 연예인이나 지역 유지와 같은 외부인사가 아닌 직원과 직원 가족, 그리고 가맹점주, 협력업체 등 ㈜보하라의 진짜 식구들만 모여 감사한 마음을 전하는 자리를 만들자고 했다. 특히 ㈜보하라는 '효(孝)'를 중요한 가치로 생각하는 기업인만큼 직원들의 부모님은 가능한 꼭 모시도록 당부했다.

"대한민국의 중소기업 평균 수명이 5년도 채 안 되는 척박한 현실에서 감사하게도 우리 보하라는 10년 동안 급여 한 번 안 밀리며 건강하게 잘 성장해왔습니다. 이 모든 것이 열심히 일해주신 직원 여러분 그리고 가족분들 덕분입니다. 정말 감사합니다."

직원들의 부모님과 가족들을 가장 앞좌석에 모시고, 나는 진솔한 마음을 담아 감사의 인사를 전했다. 그리고 ㈜보하라의 지난 10년간 발자취와 미래 비전에 대해서도 말씀드렸다. 지금껏 함께 잘 달려왔듯이 앞으로도 나를 믿고 힘껏 나아가주길 바라는 마음에서다.

부모님들께는 카네이션도 달아드리고 감사의 마음이 담긴 손편지도 전해드렸다. 행사를 앞두고 나는 감사의 마음을 어떻게 전할지를 고민했다. 그러다 문득 내 진심을 마음을 담은 손편지를 써야겠다는 생각이 들었다. 직원과 그 부모님들께 백여 통이 넘는 편지를 쓰다 보니 손에 쥐도 나고 어깨도 뻣뻣해졌다. 그럼에도 직원 한 명 한 명의 얼굴을 떠올리며 내 진심을 편지에 옮겨 담는 일은 무척이나 즐거운 작업이었다.

또 부모님들께는 편지와 함께 각각 10만 원씩을 봉투에 넣어 드렸는데, 그 옛날 월급봉투를 받던 추억을 되살려 보시라고 누런 봉투를 구해 천 원짜리 신권으로 두툼하게 채워드렸다.

"감사의 마음을 담아 제가 노래 한 곡 불러드리겠습니다."

행사의 흥겨움을 더하기 위해 보하라밴드가 조촐한 공연도 준비했다. 보하라밴드는 우리 회사의 직원들로 구성된 아마추어밴드인데, 프로 못지않은 연주솜씨를 자랑한다. 어버이날이자 ㈜보하라의 창립기념일을 축하하며 부족한 솜씨지만 나 역시 한 곡 거들었다.

"아빠, 오늘 정말 감동적인 하루였어요. 나도 어른이 되면 아빠 회사에서 한번 일해보고 싶다는 생각이 들었어요."

행사를 모두 마치고 집으로 돌아오는 차 안에서 첫째 아들 호준이가 내게 말했다.

"하하. 고맙구나. 그런데 왜 그런 생각이 들었니?"

"아빠하고 함께 일하는 직원분들의 표정이 참 행복해 보였거든요."

호준이는 어른이 되면 직장생활을 해야 한다는 것이 무척이나 막막하고 부담스럽게 여겨졌다고 했다. 그런데 ㈜보하라 식구들의 행복한 표정을 보고는 일을 즐겁고 행복하게 할 수 있는 직장도 있다는 것을 알게 됐다고 했다.

"아빠가 운영하는 회사가 그런 행복한 곳이어서 무척이나 자랑스러워요."

아들의 말에 순간 나는 가슴이 뭉클해졌다. 함께 일하는 직원들이 즐겁고 행복한 회사야말로 최고의 회사가 아니던가. 아들의 인정과 응원 덕분에 나는 더욱 열심히 달려야 할 이유를 또 한 번 가슴에 새길 수 있게 됐다.

모든 가정은 그 구성원들이 뿜어내는 특유의 기운이 있다. 예전에 사설경호원 생활을 할 때 문고리가 금으로 되어 있을 정도의 대부호의 경호를 맡았던 적이 있다. 그런데 어쩐 이유에서인지 그 집만 가면 마음이 너무 추워졌다. 냉랭하고 불행해 보이기까지 한 가족들의 표정을 보니 그 이유를 알 것 같았다. 구성원들이 행복하고 즐겁지 않으니 외부인까지 그 기운을 느끼는 것이다.

점포나 회사도 가정과 다를 바 없다. 아무리 화려한 인테리어를 해도 그 안에서 함께하는 직원들이 행복하고 즐겁지 않은 곳은 어둡고 차가운 기운이 느껴진다. 반면, 인테리어가 좀 허술해도 직원들이 활기차고 즐거운 곳은 환하고 따뜻한 기운이 느껴진다. 그곳에서 함께 하는 사람의 긍정적인 기운이 매장을 환하게 밝히기 때문이다.

직원들을 춤추게 하라

"남다르게 준비하고, 당당하게 장사하자!"
직영점을 운영할 때 구호로 사용했을 만큼 내가 늘 강조하던 말이었다. 남다른 준비는 내가 파는 제품과 서비스에 대한 자신감을 채워 준다. 준비가 철저하다면 비굴하게 굽실거리며 장사를 할 이유가 없다. 최고의 제품을 최선을 다한 서비스로 준비를 했는데 당당하지 못할 이유가 없다.

물론 당당함이 뻣뻣함을 의미하는 것은 아니다. 항상 웃는 얼굴과 친절한 태도로 고객에게 최선을 다해 서비스해야 한다. 하지만 인격적인 모욕까지 참아가며 비굴하게 장사할 필요는 없다.

매장에서 직접 고객을 응대하다 보면 생각지도 못한 난감한 상황에 처할 때가 많다. 술에 취해 고래고래 소리를 지르며 직원은 물론 주위 손님들에게까지 피해를 주는 사람, 직원의 작은 실수에 호통을 넘어 인간적인 모멸감까지 주며 왕노릇을 하려는 사람 등 상식 이하의 모습을 보기도 한다.

"우리는 서비스업을 하는 사람이지 종이 아닙니다. 고객은 왕입니다. 하지만 모든 고객이 왕이 될 순 없습니다. 왕 같은 고객만 왕의 대접을 받는 것입니다."

상식 이하의 태도를 가진 분들은 안 오는 것이 도와주는 것이다. 실제 이런 일이 있을 경우 나는 최대한 정중한 태도를 보이며 그분들께 다른 점포에 가서 식사를 하시라고 권한다.

"내 차가 얼마짜린줄 알아? 무릎 꿇어! 당장 무릎 꿇고 빌지 못해!"

몇 년 전의 일이었다. 한 손님이 아르바이트 직원의 멱살을 잡고는 매장 안으로 들어서며 큰소리로 욕설을 해대기 시작했다. 게다가 직원에게 무릎을 꿇으라며 밀치기까지 했다.

"손님, 무슨 일이십니까? 진정하시고 차분히 말씀해주십시오."

"뭐야? 당신이 사장이야? 직원 교육을 뭐 이따위로 시켰어!"

사연을 들어보니 주차장에서 손님의 차를 대리주차하던 직원이 그만 실수로 차를 벽에 부딪쳤던 모양이다. 직접 나가서 확인해보니 손님의 차는 한눈에 보기에도 억 소리가 나는 비싼 외제차였다. 당황한 직원은 손까지 모으며 잘못했다고 사과했지만 그 손님은 직원에게 심한 욕설을 퍼부으며 모욕감을 주고 있었다. 게다가 다시 매장으로 와서는 다른 손님들을 의식한 듯 더욱 큰소리로 욕을 해댔다.

"다른 손님들께 방해가 되니 우선 밖에 나가셔서 이야기하시죠."

손해를 끼쳤으면 배상을 하는 것은 당연한 일이다. 금액이 크다고 해서 책임을 피하려 꼼수를 부릴 수는 없다. 그래서 나는 차 수리비를 배상을 하겠노라 확실하게 말했다. 하지만 그 손님은 밖에 나와서까지 계속 직원에게 거친 욕을 해댔다. 군 입대를 앞두고 부모님께 용돈이라도 드리고 가겠다며 아르바이트를 하던 대학생이었다. 비록 실수는 했지만 인간적인 모욕까지 당할 만한 일은 아니라는 생각에 나는 손님에게 단호한 표정으로 말했다.

"직원은 손님께 충분히 사과를 했고, 손해에 대한 배상도 사장인 제가 책임지고 할 것입니다. 그러니 손님도 우리 직원에게 사과하십시오."

"뭐라고! 내가 왜 이 자식한테 사과를 해? 잘못을 했으면 욕을 얻어먹는 건 당연한 일이지!"

"사과를 하시지 않으면 저도 배상을 해드릴 수 없습니다. 그러니

현명하게 판단하십시오."

내 의지는 확고했다. 고의가 아닌 실수였고, 그 부분에 대해 직원은 진심어린 사과를 했다. 그리고 사장인 내가 배상에 대해 약속도 했다. 그럼에도 모욕적인 욕설을 멈추지 않으니 나로서는 더 이상 물러설 이유가 없었다.

며칠 뒤 우여곡절 끝에 결국 그 손님은 직원들이 다 보는 앞에서 공개적으로 사과했고, 나는 약속대로 차의 수리비를 배상해줬다. 당시는 이런 사고에 대한 보험도 없던 때라 1700만 원이라는 큰돈을 물어줘야 했다. 하지만 나는 열심히 하려다 벌어진 실수인 만큼 직원에게 책임을 묻지 않았다. 오히려 어떤 역경이 와도 당당함을 잃지 말라며 격려하고 응원해줬다.

그 직원은 지금 변리사가 돼 당당히 자신의 길을 가고 있다. 요즘도 종종 명절 때면 인사를 나누며 지내는데, 그때 내가 자신에게 화를 내기는커녕 오히려 보호해주고 책임을 져주는 모습이 너무나 감사하고 감동적이었다고 했다.

작은 점포부터 큰 대기업에 이르기까지 너나없이 고객만족, 고객감동을 부르짖는다. 맞는 말이다. 그런데 고객을 만족시키기 위해선 그곳에서 고객과 직접 대면하는 직원들부터 만족시켜야 한다. 제1의 고객은 바로 직원이기 때문이다.

직원이 행복하지 않은 점포나 회사는 고객도 결코 행복할 수 없다. 그곳에서 일하는 것이 즐겁고 행복하지 않은 직원이 어떻게 고객을 향해 진심으로 미소 지을 수 있겠는가. 게다가 열심히 하다가 벌어진

실수까지 직원에게 따져 물으며 혼을 내고 책임을 지게 한다면 진심을 다해 고객을 맞아줄 사람은 아무도 없다.

성공하려면 직원들을 춤추게 해야 한다. 고객과의 접점은 결국 직원이다. 직원들이 신나게 즐기면서 일하면 덩달아 고객들도 즐거워진다. 충분한 보상과 적절한 휴식은 이제 당연한 기본이 됐다. 직원들을 인간적으로 아끼고 존중하고 그들의 자존감과 자부심을 키워주면 그들은 저절로 춤을 출 것이다. 그리고 그 즐거움과 행복감은 고스란히 고객들에게 전해질 것이다.

주먹은 휘두르는 게 아니라
움켜쥐는 것이다

나는 '이 정열'이란 내 이름만큼이나 열정적인 사람이다. 돈벌이를 시작하던 20대 초반부터 온 가족을 어깨에 짊어지고 죽기 살기로 달려야 했으니 열정적이지 않을 수 없었다. 그런데 나의 열정은 매 순간 불타오르듯 뜨겁기만 한 것은 아니다. 오히려 뜨거워야 할 때와 냉철해야 할 순간을 구분하며 가속페달과 브레이크를 유연하게 구동한다. 사업적인 부분은 물론이고 인간으로서의 감정까지 타올라야 할 때와 잠재워야 할 때를 구분할 줄 아는 것이 진정한 열정이라 여기기 때문이다.

나 역시 젊은 시절에는 끓어오르는 감정을 주체하지 못해 곤란을 겪었던 적도 많다. 특히 내게 인간적이 모욕감을 느끼게 하는 상대에겐 주먹을 참기가 힘들었다. 그런데 나이가 들고 삶의 경험들이 쌓여 가면서 주먹은 휘두르는 것이 아니라 움켜쥐는 것임을 알게 됐다. 주먹을 휘두르는 그 순간은 속이 시원할지 모르지만 결국엔 기껏 쌓아왔던 소중한 것들을 잃게 될 위험이 있다. 진정한 열정은 미친 듯이 타오르는 불꽃이 아니라 불씨가 꺼지지 않도록 힘을 잘 안배하며 목표를 향해 뚜벅뚜벅 나아가는 것일 테다.

20대 후반에 학습지 영업일을 할 때였다. 열심히 하면 하는 대로 수당이 늘어나니 힘든 줄도 모르고 일했다. 그 덕분에 몇 달 만에 영업점 1위, 전국 톱 5위를 기록할 수 있었다. 그러던 어느 날이었다.

"남원에 가서 계약을 따오면 수당의 5배를 주겠습니다!"

"정말이요? 그럼 제가 가겠습니다!"

남원은 평소 학습지 영업이 힘든 곳으로 유명했다. 그래서인지 더 도전해보고 싶었다. 명색이 '영업왕'인데 남원을 뚫지 못한다면 나 스스로도 당당하지 못할 것 같았다. 그리고 무엇보다도 '수당의 5배'는 무척이나 매력적인 제안이었다.

"정말 할 수 있겠어요?"

"그럼요. 남원이 지역 색도 강하고 학습지 보급률도 낮지만 그래봤자 다 사람 사는 곳인데, 안될 게 뭐 있겠어요. 하하하!"

영업이란 게 원래 거절당하는 것이 일상인 일이라 두려울 것도 없었다. 게다가 최선을 다한다면 못할 일이 없다는 생각도 강했다. 나는 뜻을 같이 하는 사원 몇 명과 함께 다음날 곧장 남원으로 향했다. 우리는 3개월 동안 회사에서 구해준 숙소에 머물며 남원 공략에 최선을 다하기로 했다.

남원에서 영업을 한지 이틀째 되는 날이었다. 다세대주택이 밀집해 있는 주택가를 돌며 평소처럼 대문을 두드렸다.

"누구세요?"

"보건소에서 나왔습니다."

학습지 영업사원이라고 하면 잡상인 취급하며 문도 안 열어주던 때라 어쩔 수 없이 이런저런 관공서 이름을 팔곤 했다. 물론 문이 열리면 바로 신분을 밝혔다. 그날도 예상대로 문이 열리긴 했지만, 아주머니는 나를 아래위로 살피며 무슨 일인지 물었다.

"안녕하세요. 학습지 회사에서 나왔습니다. 어머님, 이번에 저희 회사에서… "

내 이야기가 채 시작도 되기 전에 아주머니는 아주 거칠게 욕설을 퍼붓더니 문을 쾅 닫고 다시 들어가 버렸다. 워낙 익숙한 반응이라 그러려니 했다. 그때였다. 골목길과 연결돼 있던 그 집 창문이 열리더니 누런 구정물이 내 얼굴에 와락 쏟아졌다. 집으로 들어간 아주머니가 설거지통에 있던 물을 내게 퍼부은 것이다. 그리고는 걸쭉하고 차진 욕들을 거침없이 내던지곤 다시 창문을 쾅 닫고 집안으로 쏙 사라졌다.

황당했다. 길을 가다가 느닷없이 귀싸대기를 세차게 얻어맞은 기분이었다. 내가 무슨 죽을죄를 지었다고 저렇게까지 화를 내는지, 구정물을 뒤집어씌울 만큼 내가 큰 잘못을 한 건지, 도무지 이해가 되지 않았다. 길 가던 사람들이 그 광경을 보곤 쑥덕거리며 지나갔다.

심한 모멸감에 내 안에선 뜨거운 불길이 끓어올랐다.

참으면 반드시 복이 온다

"후후, 진정해…. 진정해…."
자리에 주저앉아 담배부터 꺼내 물었다. 호흡을 고르며 마음을 진정
시키려 애썼지만 생각만큼 쉽지 않았다. 더운 여름날이라 그런지 땀
과 구정물이 뒤섞여 온몸에선 쾌쾌한 악취가 풍겼고, 젖은 옷 때문에
몸은 꿉꿉하기만 했다.

처량한 내 신세 때문에 추적추적 눈물이 나기도 하고, 꽉 쥔 주먹
이 부들부들 떨리기도 했다. 그러다 문득 '저 문을 박차고 들어가서
저 여자를 죽여?'라는 생각이 들었다. 내 안에서 터져 나오는 이 울분
과 분노를 어떻게든 해결해야 할 것만 같았다.

앉은 자리에서 담배 한 갑을 다 피우는 동안 나는 '참을 인(忍) 자
셋이면 살인도 피한다.'는 말을 되뇌었다. 그래, 참자, 참아보자! 내
가 순간적인 분노를 참지 못해 덜컥 사고를 치면 당장 속이야 후련할
지 몰라도 나만을 바라보며 눈을 반짝이는 내 가족들은 어쩔 것이며,
내 인생은 어떻게 될까. 내 안의 분노보다 당장 지켜내야 할 소중한
것들이 더 크게 다가왔다.

물론 당장의 분노를 잠재웠다고 해서 아무 일도 없었던 것처럼 툭
툭 털고 일어날 순 없었다. 그러기엔 내 자존심이 너무나 큰 상처를

받았다.

"그래, 팔자! 팔아보자!"

날이 어둑해질 때까지 그 자리에서 꼼짝하지 않고 줄담배만 피우던 나는 나름 합리적인 결론을 찾고는 자리에서 벌떡 일어났다. 나에게 모욕감을 준 그 아주머니에게 어떻게 해서든 학습지를 팔아보기로 한 것이다. 그것은 구겨진 내 자존심을 회복하는 길이기도 했지만 스스로에게 내가 진정한 프로임을 증명하는 길이기도 했다. 만약 팔지 못하면 학습지 영업일을 그만둘 각오로 다시 그 집의 문을 두드렸다. 잠시 후 문이 열리더니 그 아주머니가 나왔다.

"헉, 뭐예요!"

나를 본 아주머니는 놀란 토끼눈을 하곤 뒤로 한 발짝 물러서며 소리쳤다.

"이대로는 못갑니다. 전 오늘 아주머니 집에 와서 비록 모욕을 당했지만 제 할 일은 하고 돌아가겠습니다."

"아니, 그게 무슨 황당한 소리에요! 경찰 부르기 전에 어서 돌아가세요!"

"부르세요. 제가 아주머니께 잘못을 했다면 당연히 벌을 받아야지요."

고성이 오가자 다시 동네사람들이 모여들었다.

"그래서 도대체 뭘 하고 싶은 건데요?"

아주머니는 한풀 꺾인 목소리로 내게 물었다.

"아까도 소개드렸듯이 전 학습지 영업사원입니다. 계약을 안 하셔도 됩니다. 하지만 전 아주머니께 저희 회사 제품을 꼭 설명해야겠습니다. 그것만 하면 전 조용히 갈 겁니다."

아주머니는 여전히 못마땅한 표정을 지어 보였지만 한손으론 슬며시 문을 열어줬다. 집안으로 한 발을 들여놓는데 나도 모르게 깊은 한숨이 새어나왔다. 이 한 걸음을 위해 그 난리를 친 건가 싶어 허무하기도 하고, 높고 굳건했던 담장 하나를 넘은 것처럼 뿌듯한 기분도 들었다.

"제 설명을 끝까지 들어주셔서 정말 감사합니다."

차분히 제품에 대한 설명을 마친 뒤 나는 정중하게 인사하고 자리에서 일어났다.

"저기, 내일 다시 오실 수 있나요?"

아주머니는 시간이 된다면 내일 오전 11시쯤에 다시 와달라는 말과 함께 오늘 정말 미안하다며 진솔한 사과의 말을 했다.

"사실 그게….."

짐작은 했었지만 아주머니에게도 나름의 사정은 있었다. 평소 잠투정이 심한 늦둥이를 겨우겨우 재우고 돌아서는데 내가 기다렸다는 듯 문을 두드린 것이다. 그 바람에 애가 깨서 또 울어대니 아주머니는 짜증을 참지 못하고 나한테 물을 부은 거라며, 거듭 미안하다는 말을 했다. 이해 못할 일도 아니었던 데다가 진심어린 사과까지 하니 나는 그저 "괜찮다", "다 잊었다"라며 그 집을 나왔다.

다음날 약속 시각에 그 아주머니 집으로 간 나는 이게 뭔 일인가 싶어 눈이 휘둥그레졌다. 온 동네 아주머니들이 다 모여 있는 게 아닌

가. 심지어 전날 아주머니와 실랑이를 할 때 옆에서 구경하던 사람들도 와 있었다. 알고 보니 아주머니는 그 동네 통장이었다. 어제의 적이 오늘의 동지라고 했던가! 아주머니의 열렬한 홍보로 나는 그 자리에서 50건에 달하는 계약을 성사시켰다. 게다가 그것은 시작에 불과했다. 가장 험난한 곳에서의 성취는 이후 남원에서의 그 어떤 역경도 이겨낼 강한 자신감이 되어주었다. 그 누구도 뚫지 못한 단단한 철옹성이었던 남원을 기어이 점령하고 만 것이다.

그날 만약 내가 아주머니에게 주먹을 휘둘렀다면 어떻게 됐을까? 당장은 속이 후련했을지 몰라도 얼마 지나지 않아 땅을 치며 후회했을 것이다. 성공을 위한 노력을 차곡차곡 쌓는 것만큼이나 중요한 것은 일순간의 감정으로 그것을 무너뜨리는 실수를 범하지 않는 것이다. 살다 보면 상대에게 무시를 당하거나 모욕을 당하는 경우도 있다. 치욕감에 분노가 끓어오르겠지만 그럴수록 더 자신의 마음을 이기고 분노를 다스려야 한다. 주먹이 가벼울수록 책임질 일은 더 늘어나는 법이다.

나를 다스리는 마음이 진짜 힘이다

"더러워서 못해 먹겠네. 내가 이놈의 회사를 당장 때려치우든지 해야지, 원!"

봉급생활자 중 이런 생각을 한 번도 안 해본 경우는 드물 것이다.

오죽하면 구멍가게를 하더라도 눈칫밥을 먹는 것보단 낫다는 생각에 서랍 깊숙한 곳엔 늘 보험처럼 사직서를 준비해둘까.

그런데 막상 직장을 관두고 창업을 하면 어떨까. 더 했으면 더 했지 결코 덜하지 않다. 시도 때도 없이 끓어오르는 열기에 '참을 인(忍)'의 힘을 빌리지 않곤 버티기조차 힘들다. 종이 한 장 내밀고 정리될 일이라면 홀홀 털어버리고 싶은 마음이 간절하지만 그럼에도 버텨야 한다. 더는 물러설 곳이 없기 때문이다.

나 역시 장사를 하고 사업을 해오며 별의별 일을 다 겪었다. 타 브랜드의 감자탕 대구지사를 하던 초창기엔 매일 아침 '똥테러'를 당하는 황당한 일까지 있었다.

매장을 오픈하고 3개월 정도 지나서였다. 아침 9시 정도에 매장에 나오면 이상하게 매일 점포 앞에 똥이 한 무더기 있었다. 첫날은 동네 떠돌이 개가 똥을 싸고 갔는가 싶어 별스럽지 않게 여기고 얼른 치웠다. 그런데 그 다음날도, 그 다음날도 늘 같은 장소에 똥이 있었다. 곰곰이 생각하니 개가 같은 장소, 그것도 남의 점포 앞에 날마다 똥을 싸는 것은 흔치 않은 일이었다.

"그럼 그렇지! 내 저 영감을 당장!"

하루는 건너편에 차를 세워두고 그 안에서 잠복을 하니 예상대로 개가 아닌 사람이 한 일이었다. 그것도 같은 건물에 거주하는 연세 지긋한 영감님이 저지른 일이었다.

당시 매장이 있던 곳은 주상복합 건물이어서 상가들 위로 쭉 아파트가 있었다. 그러니 주민들 입장에선 24시간 영업을 하는 음식점이

1층에 있는 것이 못마땅할 법도 했다. 술 취한 손님들이 밤늦은 시간에 큰소리로 떠들어대고, 심지어 노상방뇨를 하기도 했다. 또 주차문제로 손님과 주민들 간의 다툼도 잦았다.

점포 앞에 똥을 가져다 놓은 사람은 아파트 입주자대표를 맡고 있던 영감님이었는데, 그분이 아침에 슬쩍 똥을 가져다 놓고 가는 것을 보곤 너무 어이가 없어서 헛웃음이 새어 나왔다. 같은 건물에 사는 이웃인데다 어르신이기까지 하니 경찰에 신고할 수도 없고, 싸울 수도 없었다. 어째야 할지 한참을 고민하다 일단은 슬슬 달래보기로 했다. 술도 대접하고 노래방도 보내드리고 담배도 사드리니 영감님의 입은 절로 귀에 걸리셨다.

"어르신, 제가 고민이 하나 있습니다."

"아이고, 뭐든 말해보게. 내가 도와줄 수 있는 거면 도와줌세."

"글쎄 그게, 어떤 개새끼가 매일 우리 가게 앞에 똥을 싸놓고 가는 게 아니겠습니까. 이걸 어떻게 할까요? 잡아 죽일 수도 없고, 그렇다고 그냥 둘 수도 없고. 새벽에 나와서 확 잡을까요? 어떻게 할까요?"

"아휴, 자네처럼 큰 사업을 하는 사람은 그런 사사로운 일에 신경 쓰는 게 아니네. 대신 내가 잡아줌세. 나는 늙은이라 새벽잠이 없으니 내가 지키고 섰다가 이놈의 개를 잡아 족칠 테니까 걱정하지 마시게."

영감님의 능청스런 대답에 웃음보가 터지려는 것을 겨우 참았다. 어쨌건 그날 이후로 다행히 가게 앞 '똥테러'는 더 이상 일어나지 않았다.

이 사건 외에도 경쟁업체들의 횡포, 깡패들의 영업방해 등 장사를 하는 내내 크고 작은 한숨거리들이 끊이질 않았다. 지금이야 모두 과거의 어느 날이 됐으니 그저 그런 일도 있었다며 웃고 넘기지만 당시로는 내 안에 끓어오르는 불길을 참지 못해 두 주먹은 물론 온몸이 부르르 떨리기까지 했다. 그럼에도 지금의 내가 있는 것은 그런 경험들이 거듭될수록 더욱 묵직해졌던 내 주먹 덕분이다.

눈칫밥 먹던 봉급생활자를 벗어났다고 해서 하루아침에 꽃길이 열리는 것은 아니다. 장사든 사업이든 오히려 자리를 잡고 안정을 찾기까진 험난한 가시밭길이 이어진다. 그 덕분에 하루에도 몇 번씩 부들부들 주먹이 떨릴 것이다. 그럼에도 결코 그 주먹을 휘둘러서는 안 된다.

"깊은 강물은 돌을 던져도 흐려지지 않는다. 모욕을 받고 이내 발칵하는 인간은 조그마한 웅덩이에 불과하다."던 톨스토이의 말처럼 떨리는 주먹을 꽉 움켜쥐며 우리는 하루하루 더 깊은 내공을 쌓아간다.

5부

혼자만 잘살믄 무슨 재민겨!

상생? 뻥치지 마!

'남다른 희망가게'를 아시나요?

우리가 돈이 없지, 가오가 없냐?

감자탕 팔아 사람을 키우는 기업

상생?
뻉치지 마!

17년 전 감자탕 장사를 처음 시작했을 때 나를 달리게 했던 것은 '돈'에 대한 열망이었다. 10년 안에 100억 원을 벌어 가족들을 편안하게 해주고 싶었고, 남부럽지 않은 힘도 갖고 싶었다. 그런데 막상 100억 원이라는 큰돈을 가져보니 돈보다 더 중요한 무언가가 있다는 것을 알게 됐다.

건강한 음식을 정직하게 만들어 내 개인 금고를 채우는 것도 나쁘지 않았다. 그런데 더 많은 사람들이 자신의 수고에 대한 공정한 대가를 받을 수 있는 정직한 사업을 한다면 진정한 의미의 성공을 맛볼 수 있을 것 같았다.

타 브랜드의 감자탕 프랜차이즈 가맹점을 하면서 나는 답답하다 못해 화가 치밀어오를 때가 많았다. 프랜차이즈 외식기업의 기틀이 제대로 잡히지 않았을 때라 당시의 가맹본사는 허술하고 부당한 구석이 많았다. 그렇다고 마냥 불평만 하고 있을 수는 없었다. 융통성을 발휘하는 것은 물론 개인적인 손해까지 감수하며 최선을 다해야 했다. 그렇지 않으면 고객의 선택을 받을 수 없으니 별다른 방법이 없었다.

"본사 지원이 이렇게 약해서야 어디 가맹점들이 버텨내겠어요?"

같은 지역의 가맹점주들이 모일 때면 어김없이 본사에 대한 불만이 터져 나왔다. 가맹점들을 위한 교육이나 지원이 거의 없었을 뿐만 아니라 신규가맹점 개설을 위한 교육도 단 하루가 전부였다. 게다가 더 큰 문제는 따로 있었다. 원재료를 팔아 이익을 챙길 욕심에 여기저기 가맹점을 내어주어 최소한의 상권보호마저 무시되고 있었다.

"이게 말이 되나요? 어떻게 우리 가게 맞은편에 가맹점을 내주냐고요?"

기존 가맹점들의 불만이 예상되니 유사한 아이템으로 브랜드만 살짝 바꿔서 새로운 회사인양 가맹점을 내어주고 있었다.

물론 요즘과는 달리 당시 프랜차이즈 외식기업들은 몇몇 건실한 기업을 제외하곤 거의 비슷한 문제들을 갖고 있었다. 교육이나 지원이 미비할 뿐만 아니라, 형제나 자식과도 같은 가맹점의 생존을 나 몰라라 하며 제 배 불리기에 급급한 본사들도 꽤 많았다.

"이 사장님이 우리 지역 가맹점주 대표를 맡아주시면 안 될까요?"

"그래요. 이 사장님이 우리를 대표해서 본사에 항의 좀 해주세요."

"알겠습니다. 제가 한번 애써 보겠습니다."

나는 해당 지역의 가맹점주 대표가 되어 본사에 우리의 권리를 주장했다. 그 과정에서 때로는 온건하게 설득하고, 때로는 명확한 증거까지 내밀며 강력하게 항의도 했다. 그럼에도 변명과 부정으로 일관하는 그들의 태도에 크게 실망한 나는 모든 기대를 내려놓고 떠나기로 결심했다. 이 회사를 고칠 수 없다면 내가 아예 감자탕 프랜차이즈 회사를 만들어 정도경영을 해야겠다는 생각이 든 것이다. 돈은 이미 충분히 가졌으니 돈을 더 벌겠다는 욕심은 없었다. 그저 점주들의 정당한 권리를 지켜주고 땀의 대가를 보장해주며, 더 나아가 그들의 성장을 돕는 건강한 회사를 만들고 싶었다.

프랜차이즈, 서로 끌어주고 밀어줘야 진짜 가족이지!

"프랜차이즈 가맹점을 하고 싶은데 요즘은 회사가 너무 많아 어떤 기준으로 선택을 해야 할지 모르겠어요."

좋아하는 것, 잘하는 것 등 꼼꼼한 자기 분석으로 창업 아이템을 선정하고 프랜차이즈 가맹점을 창업하려 결정했다면 이젠 프랜차이즈 본사를 잘 골라야 한다. 앞서 말했듯이 창업을 해서 성공을 하는 것이 '숲'이고 아이템이 그 숲에 심을 '나무'라면, 프랜차이즈 본사는 '밭', 즉 토양이다. 나무는 잘 선택했는데 밭이 엉망이라면 결코 나무가 잘 자랄 수 없다.

프랜차이즈 사업에서 본사는 가맹점들의 부모와도 같다. 가맹점이 세상에 무사히 태어날 수 있도록 돕고, 험한 경쟁사회에서 살아남고 잘 성장할 수 있도록 정성껏 보호하고 돌볼 의무가 있다. 그럼에도 일부 무책임한 프랜차이즈 기업들은 자식들을 무분별하게 세상에 내놓을 줄만 알았지 돌보거나 보호하려 하지 않는다. 오죽하면 프랜차이즈 사업을 두고 인테리어 사업이니 유통 사업이니 심지어 부동산 사업이라며 조롱을 할까.

나는 17년 전 타 감자탕 브랜드의 가맹점을 시작하며 내 목숨을 담보로 내놓았다. 그만큼 절실했다. 다른 점주들도 그 사연의 차이는 있겠지만 다들 나 못지않은 간절함이 있었을 것이다. 더욱이 감자탕은 24시간 영업을 하는 곳이 대부분이라 가정은 물론 개인의 사생활, 심지어 휴식과 수면의 시간조차 포기하고 장사에 매달릴 수밖에 없다. 그것을 알고도 시작할 정도면 그 간절함의 깊이가 얼마나 컸겠는가.

실제로 '먹는장사'를 시작하는 사람들의 상당수가 경제적으로 힘든 처지에 놓인 경우가 많다. 또 나처럼 큰 빚을 지고 시작하거나 집을 내놓으면서까지 돈을 마련해 장사를 하는 사람들도 많다. 그래서 만에 하나 가게가 잘못되면 빚더미에 올라앉는 것은 물론이고 가정이 붕괴될 위험까지 있다. 이처럼 벼랑 끝에 선 절박함으로 그들의 손을 잡은 것을 아는지 모르는지, 일부 몰지각한 프랜차이즈 본사는 가맹점의 항의를 그저 투정으로만 여기며 모르쇠로 일관했다.

큰돈과 많은 시간을 투자하고, 심지어 인생까지 걸고 시작하는 일인 만큼 애초에 프랜차이즈 회사를 선정할 때 내가 주체가 되어 깐깐하게 잘 골라야 한다. 가맹점 수가 많다고 해서 덜컥 선택하거나, 창업 설명회나 박람회에 몇 번 다녀오고, 신문의 홍보를 보고, 매장에 한두 번 가보고, 본사에 한두 번 가보고 따라간다면 얼마 지나지 않아 후회하게 된다.

주위에서 볼 때 지나치다 싶을 정도로 깐깐하게 묻고 따지며 검증해야 한다. 우선은 직영점이 있는지부터 확인해야 한다. 직영점이 없는 프랜차이즈 회사들이 전체의 80~90%를 차지할 만큼 회사가 직영점을 운영하는 경우가 흔하지 않다. 직영점이 없다는 것은 본사가 이 브랜드를 계속 성장시킬 동력이 필요 없다고 판단한다고 봐도 무방하다.

왜 그럴까? 프랜차이즈 회사는 직영점을 통해 시대가 원하는, 고객들이 원하는 니즈를 파악하고 메뉴나 시스템 등을 계속 업그레이드를 해야 회사와 가맹점이 성장할 수 있다. ㈜보하라의 경우 메뉴나 시스템 등을 새롭게 내놓을 때 최소 3개월은 직영점을 통한 모니터링의 시간을 가진다. 그런데 프랜차이즈 본사가 직영점이 없다면 어디서 어떻게 그것을 테스트하고 모니터링하겠는가. 결국 새로운 메뉴나 시스템을 업그레이드할 마음이 없거나, 설령 내놓는다고 하더라도 검증 없이 무작정 가맹점에 시도하겠다는 생각이다.

직영점이 있는 회사로 범위를 축소했다면 다음 단계는 직접 그 직영점으로 가서 살펴보아야 한다. 손님으로 가장하여 아침, 점심, 저녁 등 시간대별로 가보고, 24시간 영업을 하는 점포라면 새벽시간에도 가봐야 한다. 수시로 그 매장에 들러 직원들의 태도를 살펴야 한다. 고객서비스의 수준은 물론이고 직원들의 표정이 밝은지, 일하는 태도는 즐거운지도 꼭 살펴야 한다. 직영점에서조차 직원들이 고객을 대할 때 짜증과 피곤함이 묻어난다면 그 브랜드는 내부경쟁력이 꽝인 회사다. 직원을 만족시키지 못할 뿐만 아니라 교육조차 제대로 이루어지지 않는 회사일 테니 말이다.

내부 경쟁력이 아닌 매출, 수입 등 외부적인 것들만 보고 계약을 체결하는 경우가 많은데, 그것은 껍데기만 보고 계약하는 것이기에 결과가 좋지 않을 수 있다. 신뢰할 만한 통계자료가 아닌 이상 외형은 다소 부풀려져 있기 마련이다. 실제로 많은 프랜차이즈 회사들이 광고나 마케팅 활동 등을 통해 가맹점을 모집하는데, 일부 비양심적인 회사들은 매출과 수익 등을 과다하게 부풀리기도 한다. 또 창업박람회나 설명회를 할 때 아르바이트생들을 고용해 가맹점 문의를 온 것처럼 줄을 세워 시선을 끌기도 한다. 그래서 직접 직영점을 가봐야 한다는 것이다.

급히 먹는 밥이 체한다고, 서두르면 탈이 나기 마련이다. 특히 가족의 생계가 달린 일생일대의 선택을 하는 것이니 만큼 최소 3개월에서 6개월 정도의 기간을 가지고 꼼꼼히 살피고 천천히 진행해야 한다.

직영점을 살펴봤으면 그 다음으로는 가맹점을 살펴야 한다. 지역과 상권을 달리해서 최소 3곳 이상은 둘러보는 것이 좋다. 이때도 본인이 직접 가맹점을 선정한 후 손님인 척하며 가야 한다. 음식점의 경우 피크 타임에도 가보고 한가한 시간대에도 둘러봐야 한다. 그리고 가맹점주와도 직접 얘기를 나눠봐야 하는데, 오후 3시에서 5시 사이가 가장 한가하니 이 시간을 활용하면 된다. 조금만 이야기를 나눠봐도 본사와의 관계가 짐작이 된다.

"아, 별로 얘기하고 싶지 않아요!"

이런 태도이면 더 물어볼 것도 없이 답이 나왔다고 보면 된다. 불만이 많으니 본사 얘기라면 입에 담기조차 싫은 것이다. 반면, "우리 본사 너무 좋아요. 이 브랜드 꼭 하세요."라는 이야기가 나오면 이 단계에선 합격점을 줘도 된다.

직영점을 직접 운영하고, 직영점의 직원들의 표정이 밝고, 가맹점주가 본사를 긍정적으로 생각하고 있다면 이제는 본사를 직접 찾아가야 한다. 뭐 그렇게까지 할 필요가 있겠느냐고 하겠지만, 창업은 돈이 한두 푼 드는 일이 아닌 데다 남은 인생을 다 걸고 하는 일인 만큼 이는 반드시 필요한 과정이다.

본사에 가면 외관이나 시설, 인테리어가 아닌 그 안에서 함께 하는 사람부터 살펴야 한다. 특히 영업직을 제외한 각 파트별 직원들의 표정을 유심히 살펴야 한다. 영업직원은 수당제이기 때문에 계약을 성사시키기 위해서라도 항상 밝은 표정을 지을 수밖에 없다.

본사에 가면 반드시 물류, 생산, 회계 등 모든 부서들을 보여 달라고 해서 그들의 일하는 모습도 살피고 표정도 살펴야 한다. 그리고 그 직원들한테 회사의 비전이 무엇인지도 꼭 물어보아야 한다. 회사

비전도 모르는 상태로 일을 한다면 그 직원들이 제대로 일을 하겠는가. 노를 젓는 사람들이 목적지도 모른 채 노를 저어대니 좌초될 위험마저 있다. 반면, 직원들이 분명한 목소리로 회사의 비전을 말한다면 그 회사는 직원과 함께 가는 회사라고 봐도 무방하다.

그 외에도 프랜차이즈 사업을 한지 최소 5년 이상인 업체를 선정해야 한다. 프랜차이즈 사업은 매뉴얼과 시스템이 중심인 사업이기에 5년 정도의 시간을 거치며 검증된 것이라야 안정적이라 할 수 있다.

한편, 영업사원들의 근무 햇수나 근무 조건을 파악하는 것도 도움이 된다. 대부분의 프랜차이즈 회사들이 기본급을 아주 박하게 주고 수당을 파격적으로 제안하며 영업사원들을 끌어들인다. 그러니 직원들 입장에선 거짓을 섞어서라도 가맹점 모집을 할 수밖에 없다. 게다가 후다닥 몰아댔던 거품이 꺼지면 얼른 다른 업체로 갈아타야 한다. 그래야 최소한의 생계를 유지할 수 있으니 말이다.

㈜보하라를 비롯해 건강한 프랜차이즈 회사는 영업사원에게 기본급을 넉넉히 주며 그들의 실력을 키우는 데 주력한다. 직원의 입장에선 기본급이 보장되니 거짓까지 섞어가며 무리하게 영업을 할 필요 없이 자신의 실력을 키우는 데 주력하면 된다.

또 자체 공장이 있는지, 물류를 어떻게 하고 있는지도 묻고 직접 확인해봐야 한다. 공장이 멀리 있어서 영상으로 보여주겠다고 해도 반드시 직접 확인해야 한다. 확신은 말이 아닌 실질적인 검증을 거듭하며 생기는 것이다.

그리고 홈페이지나 카페 등 회사를 홍보하고 있는 공식적인 매체들이 지속적으로 업데이트되고 있는지도 살펴야 한다. 대외적인 소통에 관심을 두지 않거나 비용을 아까워하는 회사는 이미 주인장의 마음이 떠났다고 봐도 무방하다.

이 모든 것들이 만족스럽게 통과됐다면 마지막으로 회사의 대표를 만나야 한다. 그리고 반드시 이전에 들었던 정보들에 대해 거듭 확인하며, 그 부분을 녹음하거나 계약서에 첨부시켜 놓아야 한다. 그래야만 나중에 피해를 보지 않는다.

만약 '대표가 출장을 갔다', '바쁘다'라며 이런저런 이유로 만남을 피한다면 절대 신뢰해선 안 된다. 어느 단계에서든 꼼수가 개입됐을 가능성이 크기 때문이다. 거짓이 포함됐으니 대표가 책임을 질 수 없는 것이다. 정직하고 당당하다면 대표 입장에선 만나지 못할 이유가 없다.

프랜차이즈 본사와 가맹점은 결코 갑과 을의 관계가 아니다. 서로에게 반드시 필요한 존재이며, 어느 한쪽이 무너지면 나머지 한쪽도 같이 무너지는 구조를 가진 상생의 관계이다. 그만큼 신뢰가 바탕에 깔려야 한다. 그러니 계약의 단계는 물론 이후 계약을 이어가는 과정에서도 정직하고 투명함을 유지하기 위해 노력해야 한다.

계약에 의한 비즈니스 관계인만큼 가맹점에게 '우리가 남이가!'라고 말하며 무조건 믿고 따르라고 할 순 없다. 신뢰는 합의된 원칙을 충실히 지키며 책임을 다하는 태도에서 비롯된다. 그리고 원칙만으로 판단하기에 애매한 부분이 생기면 내가 아닌 상대를 더 배려해야 한다. 이로써 진정한 상생의 파트너십이 형성된다.

'남다른 희망가게'를
아시나요?

"창업지원금 3억 원과 함께 반드시 성공하게 만들어드립니다!"

㈜보하라의 공식 홈페이지에 오면 제일 먼저 만나게 되는 팝업창에 적힌 문구이다. 우리 회사는 지난 2010년부터 지금까지 직원들의 성장과 성공을 돕기 위해 창업을 희망하는 분께 교육과 자금을 지원하는 '남다른 희망가게' 프로젝트를 진행하고 있다.

"정말 열심히만 하면 저도 남다른감자탕의 점주가 될 수 있다는 말씀이세요?"

"네, 그렇습니다. 단계별로 진행되는 자체 심사를 통과하면 본사에서 최대 3억 원까지 창업자금을 무이자로 지원해드립니다."

돈이 없어도 열정과 뚝심만 있다면 창업자가 되고 성공의 주인공이 될 수 있어야 한다. 나는 이것을 증명해 보임으로써 직원들에게 희망을 심어주고 싶었다. 그래서 단순히 직원에게 창업자금만을 지원하는 것이 아닌 창업 후에도 지속적인 관리와 지도를 통해 점포의 성공을 위한 도움을 아끼지 않는다.

㈜보하라 직영점의 점포에서 일정 기간 이상 근속한 직원이면 누구나 '남다른 희망가게' 프로젝트에 지원할 수 있다. 하지만 아무나 합격자가 될 수는 없다. 앞서 말했듯이 단계별로 진행되는 자체 심사를 통과해야만 '남다른 희망가게'의 점주가 될 수 있다. 회사의 입장에선 3억 원이라는 큰돈을 믿고 투자하는 것인 데다 새로운 가맹점주를 모시는 일이니 나름 엄격한 기준을 둘 수밖에 없다.

'남다른 희망가게'는 직원들에 대한 남다른 애정으로 만들어진 프로젝트이다. ㈜보하라 창업 초창기 때 나는 직영점 몇 군데를 직접 운영하며 매장 직원들과 호흡을 같이 했다. 직원들을 뽑을 때 간절함의 깊이를 중요한 기준으로 삼았기에 대부분이 가족의 생계를 책임지기 위해 절박한 심정으로 일을 하고 있었다.

"근무 시간도 끝났는데 왜 퇴근을 안 하세요?"

"집에 가기 싫어서요. 그냥 여기서 좀 쉬다가 갈게요."

여직원 중 한 명이 늘 퇴근이 늦기에 걱정되어 말을 건네자 집에 가기 싫다는 답이 돌아왔다. 방 두 칸의 좁은 집엔 병든 시부모님, 실직으로 인해 의욕을 잃은 남편의 한숨이 자리하고 있으니 집인들 가고 싶었을까. 그녀뿐만이 아니었다. 직원들 중에는 가족들을 먹여 살려야 한다는 절박함과 현실에 대한 우울감에 시달리는 경우가 적지 않았다. 희망을 가지라고 말해주고 싶었지만 현실은 전혀 희망적이지 않았다. 음식점에서 서빙을 하는 직원의 월급으론 한 달 벌어 한 달 먹고 살기에도 빠듯했다.

"그래, 저 분들에게 진정한 희망을 심어줄 수 있는 프로젝트를 기획해봐야겠어!"

나는 말이 아닌 실질적인 행동으로 그들에게 희망을 나눠줘야겠다는 생각을 했다. 나 역시 결코 죽을 수 없다는 절박함으로 바닥을 딛고 일어나지 않았던가. 그때의 나처럼 절박한 심정으로 삶이라는 거친 산을 오르고 있는 그들에게 든든한 지팡이 하나씩은 쥐어주고 싶었다.

상생, 희망의 구조부터 만들어라

직원들에게 희망을 심어주기 위해 기획된 프로젝트이지만 사실 '남다른 희망가게'는 회사 입장에서도 큰 도움이 되는 합리적인 '윈-윈'의 도구이다. 한 매장에서 많은 돈을 벌려는 욕심을 내려놓고, 그곳에서 함께 일하는 직원들과 이익을 더 많이 나누며 믿고 맡기니 결국 여러 개의 매장을 운영할 수 있는 구조가 만들어졌다.

모든 희망가게의 점주는 현장직원부터 시작해 점장을 거쳐 점주가 된다. 물론 그 과정에서 능력을 검증받는 것이 만만치 않은 일이기에, 모두에게 활짝 열린 기회임에도 그 문을 통과하는 이는 그리 많지 않다. 하지만 분명한 것은, 희망가게 점주가 되는 과정에서의 노력을 통해 직원들의 능력이 놀랄 만큼 향상된다는 점이다.

'구슬이 서 말이라도 꿰어야 보배'이듯, 제아무리 매의 눈으로 훌륭한 인재를 뽑아도 그들의 열정과 능력을 제대로 활용하고 성장시키지 못하면 서로에게 득이 될 것이 없다. 열정이 잠재돼 있는 사람들은 그 열정을 활활 불태워줄 적절한 자극이 필요하다. 꿈이나 목표가 주로 그런 역할을 하는데, 그것은 추상적인 데다 당장의 성과가 드러나지 않기에 그 중간 다리 역할을 해줄 적절한 포상이 필요하다. 즉, 충분한 인센티브 제도를 도입해 경쟁력의 핵심인 직원들의 자발적 열정을 이끌어내야 한다. 특히 경쟁과 협력을 아우를 수 있는 동기부여를 제시한다면 인센티브로 나간 돈이 결코 아깝지 않다.

"석 달 뒤 직원 투표를 실시해 그 결과를 50% 반영하고, 제 뜻을 50% 반영해서 점장과 부점장을 뽑을 겁니다."

"점장과 부점장은 월급도 오르나요?"

"당연하죠! 점장의 월급은 다른 직원의 두 배로 책정될 것이며, 부점장은 점장보다는 조금 낮게 하겠습니다. 여러분이 열심히 하는 대로 보상이 따라가는 것이니 최선을 다해주십시오."

실제로 석 달 뒤에 점장과 부점장을 선출하게 되는데, 이때 뽑힌 분들이 이후에도 계속 그 자리를 유지하는 것은 아니다. 타성이 생기는 것을 방지하기 위해 다시 6개월 뒤 같은 방식으로 재선출하게 된다. 그러면 기존의 점장과 부점장은 계속 그 자리를 지키기 위해 직원들에게 잘해주고 일도 열심히 한다. 그리고 다른 직원들 역시 자신도 점장과 부점장이 되기 위해 열심히 일한다.

직원들 스스로 동료들을 평가하게 하는 것은 시행착오를 겪으며 나름 합리적인 방법을 찾아둔 것이었다. 초창기엔 내 의사만 반영해서 점장과 부점장을 뽑는데, 직원들이 모두 나에게만 잘 보이려 노력하고 자기들끼린 서로 다투고 시기하는 등 화합이 잘되지 않았다. 그리고 내가 뽑아 놓은 점장, 부점장의 말도 잘 듣지 않았다. 고심 끝에 그들의 의사를 50% 반영하는 식으로 방법을 바꾸었더니 다툼은 사라지고 서로 잘 대해주려고 노력하는 모습까지 보였다.

직원 투표로 점장을 선출하는 것은 단순히 직원들끼리의 경합을 통해 능력과 열정을 키우겠다는 의도만은 아니다. 그들 스스로 인정하는 리더를 선출해 그가 진짜 리더가 될 수 있도록 성장시키기 위해서다. 처음에 뽑힌 점장과 부점장이 석 달 뒤의 투표에서도 다시 점장과 부점장으로 뽑히는 경우도 많은데, 이렇게 6개월을 유지하면 이들은 그 점포의 실질적인 리더가 된다.

이들은 6개월 동안 직원들의 팀워크를 이끌어 내며 점포를 활성화하고, 그 과정에서 스스로도 진짜 리더로 성장한다. 그리고 기존의 직원들도 지난 6개월간 그랬던 것처럼 이들을 믿고 따른다. 이미 팀워크가 만들어져 있기 때문이다. 그렇게 되면 사장인 내가 그 점포에서 빠져도 된다. 물론 무작정 그들이 잘할 것이라 맹신하며 빠질 순없다. 빠질 때도 포상으로 충분한 장치를 마련해두어야 한다.

초기 3개월 그리고 또 6개월 이렇게 총 9개월 동안 같은 사람이 점장과 부점장을 맡는다면 이후부턴 투표를 통한 평가 없이 그들에게 1년 동안 점장, 부점장직을 온전히 맡긴다. 그리고 애초의 약속이었던 월급의 두 배는 그대로 유지하고, 이와는 별개로 성과에 따른 인센티브를 따로 챙겨준다. 처음 6개월간의 매출과 수익을 기준으로 정량적인 목표를 정해주고, 그것을 초과할 시 일정 비율의 인센티브를 지급하는 것이다. 이 정도면 동기부여를 넘어 온전한 주인의식까지 생겨난다. 매출이 늘면 느는 대로 내 수익도 늘어나니 내 가게나 다름없는 것이다.

실제로 이 제도 도입 후 매장에 정직원이나 아르바이트직원이 갑자기 펑크를 낼 경우 점장은 자신의 가족이나 지인들에게 도움을 요청해서라도 매장 운영에 지장이 없도록 최선의 노력을 다한다. 진정한 주인의식이 생겨난 것이다.

나는 동시에 여러 개의 직영점을 운영한 적이 있는데, 각 점포마다 모두 이런 방식으로 9개월간 기본 틀을 잡아두니 이후론 내가 크게 신경을 쓰지 않아도 점장과 부점장을 중심으로 점포가 잘 운영되었다.

직원들의 능력과 열정을 믿고, 금전적으로 조금 더 베풀면서 그것을 키워준다면 결국 서로 윈-윈하게 된다. 그들은 점포를 온전히 맡아 운영하는 경험을 통해 능력을 더욱 키울 수 있고 월급도 두 배로 받을 수 있다. 그 대가로 나는 회사 전체의 운영에 더 신경을 쓰고, 건강과 가족들도 챙기고, 또 다른 매장을 창업할 수 있는 시간도 벌 수 있다.

한편, 남다른감자탕에서는 정직원의 성장이 점장이 되는 것에서 끝나지 않는다. 3년 동안 점장직을 지키며 매장을 잘 운영하면 자신이 원할 경우 매장을 창업할 수 있도록 창업자금을 지원한다. 앞서 말한 '남다른 희망가게'가 바로 그것이다.

남다른감자탕 대구산격점, 부산연산로타리점, 포항점이 이런 과정을 통해 탄생한 희망가게들이다. 즉 현재 그 가게의 점주는 남다른감자탕 직원에서 점장으로, 점장에서 점주가 된 사장님들이다.

내 가게라는 마음으로 최선을 다해 열정을 쏟아 부으면 성장할 수 있는 기회는 언제든 열려 있다. 단순한 급여 인상이 아니라, 점장이 되어 리더십을 익힐 수 있고, 마침내 점주가 돼 진짜 사장님이 된다. 남다른감자탕의 희망가게 점주들 역시 절박한 마음으로 식당 일을 하시던 분들이었다. 그런데 마음속의 간절한 희망을 놓지 않고 열심히 일한 덕분에 지금은 경제적인 안정을 찾은 것은 물론이고 사업가로서의 능력까지 인정받고 있다.

우리가 돈이 없지,
가오가 없냐?

내 오랜 좌우명은 '쪽팔리게 살지 말자'이다. 스물일곱 즈음에 지인에게 큰돈을 사기 당한 후 소주 3병을 들고 한강다리에 올라 투신을 결심한 적이 있다. 그런데 어디선가 '알고나 죽어라, 다 네 잘못이다!'라는 꾸지람의 소리가 들렸고, 결국 나는 다시 살아보기로 했다. 그때 다짐한 것이 '쪽팔리게 살지 말자'였다.

　돈을 좇으며 잘못된 길로 갔던 것은 나였는데, 왜 나를 속였느냐며 다른 이를 원망하고 있는 내가 너무 쪽팔렸다. 돈 때문에 목숨을 버리겠다고 한강다리 위에 올라있는 내가 너무 쪽팔렸다. 10년 안에 100억 원을 벌어보겠노라 호기롭게 소리쳐 놓고는 좀 더 편하고 수월한 길만 찾고 있었던 내가 너무 쪽팔렸다. 그래서 나는 더 이상 쪽팔리게 살지 않기로 했다.

스물일곱살 이전까지 내 좌우명은 '일근천하무난사(一勤天下無難事)', 즉 '부지런하면 세상에 어려운 일이 없다'였다. 청년기에 나 자신에게 힘을 주기 위해 좌우명으로 정해둔 것이다. 그땐 내게 도움이 되면서도 근사해 보이는 멋진 좌우명을 찾았었다. 그런데 삶의 가장 밑바닥까지 가보니 멋진 좌우명도 결국은 사치이고 허세라는 생각이 들었다. 물질이나 권세를 좇고 허세를 부리는 삶이 참으로 쪽팔리게 다가왔다. 그날 나는 내 삶의 길잡이가 되는 좌우명부터 허세나 겉멋을 버리고 철저히 나의 양심을 통해서, 나 스스로의 성찰을 통해서 나온 것이어야 함을 깨달았다.

장사나 사업은 당장 눈앞에서 돈이 오가는 일이다 보니 양심을 저만치 뒤로 밀어놔야 하는 유혹들이 많다. 특히 외식업의 경우 음식에 들어가는 재료를 좀 더 단가가 낮은 것으로 바꾸라는 유혹이 끊이질 않는다. 굳건한 철학과 단호한 대처가 아니고서는 버티기가 쉽지 않다.

타 브랜드의 감자탕 대구경북지사를 할 때였다. 감자탕 프랜차이즈의 경우, 주 재료인 뼈와 스프 등을 본사에서 공급받는다. 그런데 비슷한 품질의 뼈를 더 낮은 단가로 공급해주겠다는 외부업체의 유혹도 많고, 실제 본사 몰래 외부의 뼈를 섞어 파는 가맹점들도 많았다. 그럼에도 나는 왕십리에서 가맹점을 할 때도, 대구경북지사를 할 때도, 단 한 번도 그런 적이 없다. 당장의 이익에 눈이 멀어 룰을 어기기 시작하면 가맹점은 물론 본사까지 위험해지고, 급기야는 감자탕

시장 자체가 흔들린다. 고객의 마음이 돌아서기 때문이다.

"지사장님, 다른 지역은 다 외부 뼈를 섞어서 쓰는데 우리도 그러면 안 될까요? 공급단가도 차이가 크지만 요즘 본사에서 공급해주는 뼈의 품질이 너무 떨어졌어요."

"돈 때문에 양심을 저버릴 순 없습니다. 애초에 본사에서 뼈를 공급받는 것이 우리의 약속이지 않습니까. 게다가 고객 역시 브랜드에 대한 신뢰로 우리의 매장을 찾는 것인데 간판만 같고 내용물은 제각각이라면 이는 고객을 기만하는 일입니다."

당장의 이익을 위해 하나둘 꼼수를 부리다보면 원칙이 허물어지는 것은 시간문제다. 본사와 가맹점이 서로 믿고 도우며 윈-윈의 구조로 성장해가는 것이 프랜차이즈 사업이다. 그런데 어느 한쪽에서 저만의 이익을 위해 이러한 합의를 저버리기 시작하면 그 피해는 고스란히 고객에게 돌아가며, 급기야는 가맹점은 물론 본사까지 무너지게 된다. 혼자 잘 먹고 잘 살려다 상생의 생태계를 파괴하고 마는 것이다.

그 외에도 회사 기밀을 빼돌린 직원이 스프공장을 따로 차려 절반도 안 되는 가격에 스프를 공급하고 있었지만 나는 절대 받지 않았다. 얼핏 느끼기에 품질도 비슷해 보였지만 그럼에도 개인의 이익을 위해 모두가 합의한 룰을 깬다는 것은 나 스스로 생각해도 쪽팔린 일이었다. 이렇게 하나둘 개인의 이익을 위해 무너지기 시작하면 프랜차이즈 외식기업 자체가 편법이 난무한 업계가 되며, 고객의 신뢰를 잃어 결국엔 무너지게 된다.

30억 원, 그거 내 돈 아니에요!

쪽팔리게 살고 싶지 않아 30억 원이란 거금을 포기한 적이 있다. 보하라 창업을 결심하고 준비를 하던 때였다. 내가 타 감자탕 브랜드의 대구지사를 그만둔다고 소문이 나니 거금을 제시하며 자신에게 지사권과 유통 그리고 매장을 함께 넘기라는 사람들이 몰려들었다. 대구지사에서 관리하던 20여 개의 가맹점이 모두 평균 1억 원의 월매출을 내니 뼈를 비롯한 감자탕 재료 공급 마진이 상당했다. 한 달 뼈 매출만도 20억 원이 넘었으니 평소 감자탕 사업에 관심이 있던 사람들은 욕심을 낼만 했다.

처음에는 대구경북지사권과 내가 운영하던 지사 매장 그리고 재료 유통권을 합쳐서 17억 원에 넘기라는 제의가 들어왔다. 당연히 거절했다. 돈의 많고 적음을 떠나 애초에 그것을 팔 마음이 없었다.

"저는 지사권 안 팝니다. 그냥 본사에 넘길 겁니다."

"에이, 말도 안 돼요. 그 큰돈을 포기하고 왜 본사에 그냥 넘겨요? 그러지 말고 저한테 파세요. 돈을 더 바라는 겁니까?"

지사를 그만둘 때 모든 권리를 본사에 넘긴다는 업계의 룰은 있었지만 그것을 지키는 사람은 거의 없었다. 그러니 사람들은 당연히 내 말을 믿지 않았다. 내가 돈을 더 받고 싶어서 일부러 튕기는 거라 생각했는지 가격을 더 높게 불렀다.

"17억 원이 아니라 100억 원을 주셔도 저는 지사권을 못 팝니다. 그 돈은 내 것이 아닌데 왜 내가 그것을 챙깁니까!"

"아니 그게 왜 지사장님 것이 아닙니까? 지사장님이 그만큼 대구 경북지역을 일구었으니 당연히 지사장님의 것이지요."

"그게 왜 제가 이룬 것입니까? 그것은 나와 함께 했던 우리 직원들, 그리고 가맹점주님들과 함께 이룬 것입니다."

그들이 믿든 안 믿든 내 소신은 확실했다. 다 같이 잘 살아보자며 함께 이룬 것을 리더라고 해서 그것이 내 것이라 우길 순 없었다. 물론 내가 포기한다고 해서 직원과 가맹점주들에게 그 돈이 골고루 돌아가는 것이 아니란 것도 잘 안다. 그럼에도 당장 눈앞의 이익을 챙기려 '상생'의 룰을 어기고 싶지 않았다. 상생의 룰이 무너지면 결국 나 개인의 생존조차도 힘들어진다는 것을 잘 알기 때문이다.

"30억 원 드리겠습니다. 저한테 넘기십시오."

17억 원에서 시작했던 금액이 급기야는 30억 원이라는 엄청난 액수로까지 올랐다. 하지만 내 마음은 변하지 않았고, 결국 해당 브랜드의 본사에 대구지사권을 돌려주었다.

물론 나도 인간인지라 잠시 흔들리긴 했다. 30억 원을 제시한 사람은 당시 유통회사의 큰 손으로 알려져 있던 어르신인데, 오랜 경력만큼이나 사람의 마음을 움직이는 데도 능숙했다. 그는 내가 만나주지 않을 것을 알고 친한 지인을 통해 만남을 제의해왔다. 그리고는 그 자리에서 계약금 3억 원을 현찰로 내밀었다. 말만으로 떠들던 사람들과는 확연히 다른 호탕한 배포에 잠시 당황했지만 나는 결국 그 제의를 거절했다. 내 소신을 지키고 내 양심을 따르는 것이 쪽팔리게 살지 않는 길임을 잘 알기 때문이다.

"여러분, 우리는 양심을 지키며 그 누구보다 당당하게 장사합시다!"

내가 늘 직원들에게 하는 이야기다. 그런데 만약 그때 모두가 함께 이룬 성과를 내 것인양 하며 30억 원을 받아 챙겼더라면 이후론 결코 내 입에서 이와 같은 말이 나올 수 없었을 테다. 쪽 팔려서도 그런 말은 할 수 없다.

한번 쪽팔리게 되면 그 후폭풍은 크다. 심할 경우 평생을 꼬리표처럼 따라다니기도 한다. 남들의 눈이나 입방아만이 문제가 아니다. 나 스스로 당당하지 못하니 어딜 가도 의기소침해질 테고, 눈치 보며 비굴해질지도 모른다. 그러다 보면 사업도 제대로 할 수 없고, 결국엔 30억 원 이상의 돈과 명성을 잃을 수 있다. 그러니 나의 양심을 지키고 쪽팔리게 살지 않는 것이 결국엔 더 남는 장사다.

내가 30억 원 제의를 거절한 데는 '함께 잘 살아보자'던 내 양심과 신념을 지키고 싶은 개인적인 이유가 컸다. 이와 더불어 프랜차이즈 업체들 사이에 암암리에 일어났던 부조리한 뒷거래에 동승함으로써 올바르지 못한 문화를 만드는 데 일조하는 것이 싫었다. 더욱이 나는 건강한 프랜차이즈 기업을 하겠다는 뜻까지 품었으니 더더욱 업계의 문화를 올바른 방향으로 이끌어갈 소명이 있었다. '상생'이라는 거창한 구호가 아니더라도 그것이 결국 나를 비롯해 모두가 함께 잘사는 길임을 알기 때문이다.

물론 내 뜻을 알아주는 이가 없을지도 모른다. 심지어 거금 30억 원을 날린 바보라는 소리를 들을 지도 모른다. 그럼에도 앞에서는 '함께'를 외치며 뒤에서는 '나'만을 챙기는 그릇된 문화가 퍼져나가는 것을 거들고 싶진 않았다.

㈜보하라를 창업한 후에는 내 좌우명인 '쪽팔리게 살지 말자'를 아예 회사의 사훈으로 내걸었다. 허황된 욕심이나 다른 이의 시선이 아닌 내 양심에 당당한 삶을 산다면 기업이 잘못된 길로 갈 일이 없다. 이익을 더 남기기 위해 고객을 기만하는 일도 없을 것이며, 내 배를 불리고자 직원들을 들볶는 일도 없을 것이다. 어디 그뿐인가. 달콤한 말로 가맹점을 모집하고 책임을 지지 않는 먹튀도 사라질 것이며, 당장의 위기를 모면하고자 거짓을 말하는 일도 없을 테다.

혼자 크는 나무는 없듯이, 장사든 사업이든 분명 주위의 누군가와 서로 돕고 도우며 함께 나아가야 한다. 그래야만 성장도 하고 성공도 할 수 있다. 내가 꿈을 꾸고 그것을 이룰 수 있었던 것 역시 혼자가 아닌 '함께'였기에 가능한 일이었다. 20대 때는 어머니를 위해 꿈을 품고 아내와 함께 그 꿈을 이루기 위해 죽을 힘을 다해 달렸다. 30대 때는 점주들의 성공을 돕는 기업을 하겠다는 꿈을 품었고, 그것을 공감하는 직원들과 함께 힘을 모으며 꿈을 이뤄냈다. 그들의 도움이 없었다면 결코 지금의 나는 없다. 그러니 당연히 그들과 함께 열매를 나누어야 하고, 또 다른 누군가에게 기꺼이 힘이 되어주어야 한다.

감자탕 팔아
사람을 키우는 기업

나는 ㈜보하라가 100년을 뛰어 넘는 세계적인 강소기업이 되기를 희망한다. 그리고 그것을 실현하기 위해 생명을 유지하는 차원의 단순한 생존이 아닌 매순간 새롭게 혁신해야 함을 강조한다. 혁신을 통해 어제보다 더 나은 남다른 메뉴와 서비스, 시스템 등이 탄생해야만 진정한 의미의 생존이 가능하다는 것을 알기 때문이다.

"2016년부터 ㈜보하라는 전 직원이 해외로 나가 새롭고 낯선 문명을 탐방하며 생각을 혁신하고 있습니다."

"네? 직원 전부가 해외에 다녀온다고요? 그럼 비용이 꽤 많이 들 텐데요."

지난 2016년부터 ㈜보하라에서는 본사는 물론 직영점의 전 직원이 1년에 1회 이상 외국으로 나가 그 나라와 도시의 유명한 음식점이나 쇼핑몰 등을 돌며 다양한 음식을 맛보고 고객서비스, 시스템, 인테리어 등을 살핀다. 인터넷이나 TV 등 매체로 접하는 것과 직접 오감으로 경험하는 것은 확연히 다르다. 그래서 비용이 들더라도 반드시 전 직원을 해외로 내보내 많은 것을 보고 느끼게 해주고 있다.

"음, 이 거위요리는 생각보다 질긴데요. 그리고 이 새우게살 스프는 익숙한 맛이긴 한데 너무 짜요."

"의외로 야채볶음요리들은 모두 제 입맛에 맞네요. 향신료 맛도 강하지 않고."

"음식을 서빙 하는 직원들이 모두 명찰을 달고 있네요. 전문성이 느껴지고 좋은 것 같아요."

해외 탐방기간 동안 직원들은 특별한 형식 없이 자유롭게 의견을 나누고 소통한다. 좋은 것은 좋은 대로 우리의 것과 접목하고, 나쁜 것은 나쁜 대로 우리를 돌아보게 하니 새로운 것을 접하고 느끼는 그 자체가 온전히 교육이고 배움이 된다.

기업이 눈을 뜨고 혁신하기 위해서는 결국 기업의 구성원인 직원들이 그 역량을 키워야 한다. 특히 ㈜보하라처럼 '남다름'을 중요한 가치로 여기는 기업은 다양한 문화를 접하며 시야를 넓히고 생각을 키워야 한다. 그래야만 시대적인 흐름을 이해하고 기존의 틀을 깨는 혁신이 가능하다.

현재 본사 직원들은 3박 4일 일정으로 1년에 최소 1회 이상 함께 해외로 나간다. 나가기 전에 미리 조를 짜고, 어느 지역을 돌며 어떤 음식점들을 살필 것인지도 정한다. 몇 달 전에 예약을 하지 않으면 안 되는 유명한 음식점들도 있기에 미리 사전 준비를 해두는 것이다. 직영점 직원들은 매장 업무에 차질이 없도록 교대로 해외를 나가는데, 이때도 미리 정보를 수집하고 일정을 정하는 등의 사전 준비는 필수다.

"굳이 그렇게까지 할 필요가 있을까요? 대표님을 비롯한 임원진들, 그리고 성과가 뛰어난 직원의 포상 정도라면 모를까. 직원 모두가 해외를 다녀온다고 해서 눈에 띄는 성과가 나올 수 있을까요?"

내로라하는 대기업조차 하지 않는 것을 우리가 한다고 하니 더러는 염려의 말을 전하기도 한다. 하지만 나는 드라마 협찬이나 유명 연예인을 광고모델로 쓰며 겉치레에 치중하는 것보다 오히려 직원교육에 집중해 내실을 키우는 것이 훨씬 더 바람직하다고 생각한다. 구성원 개개인의 역량을 키우는 것이 결국엔 조직의 성장과 성공을 이루며, 모두가 원-윈하며 행복한 공존을 유지하는 길임을 잘 알기 때문이다.

직원이 성장해야 회사가 성장한다

"막둥이만큼은 절대 포기하지 마시게. 끝까지 공부시켜야 된다네."

아버지는 눈을 감으시는 마지막 순간까지도 어머니께 내가 학업을 포기하지 않게 도우라며 부탁을 하셨다.

아버지께 '배움'은 남다른 열망이었다. 일본유학까지 다녀오신 큰

아버지와는 달리 아버지는 초등학교만 겨우 나오셨다. 평생을 농사일과 난전 장사를 하신 탓에 배움에 대한 한이 많으셨다. 그래서인지 아버지는 늘 내게 열심히 공부하라는 말씀을 하셨다.

나는 아버지가 돌아가시고 십 수 년이 지난 후에야 비로소 아버지가 왜 그토록 배움을 강조하셨는지 깨닫게 됐다. '아는 만큼 보인다.'라는 말처럼 배움은 세상을 향한 눈과 생각을 열어주는 창이었다.

꿈과 목표가 분명해질수록 배움에 대한 나의 열망은 커져만 갔다. 건강하고 올바른 프랜차이즈 기업을 이끌어가기 위해선 알아야 할 것들이 너무 많았다. 나는 늦은 나이에 다시 책가방을 들고 학교로 향했다.

배움에 대한 나의 열망과 깨달음은 교육을 통해 직원들을 성장시켜야 한다는 생각으로 이어졌다. 그래서 ㈜보하라의 비전도 '우리는 꿈을 이루는 사람들을 위해 존재한다.'로 바꾸고, 이것을 실현하기 위한 방법 중 하나로 우리 회사를 직원들의 '신나는 꿈터'로 만드는 것을 목표로 하고 있다. 기업의 존재 이유가 이윤 창출에 있다지만 나는 우리 회사가 단순한 돈벌이의 장이 아닌 인재를 만들기 위한 배움과 성장의 장으로 자리 잡기를 희망한다. 이를 위해서는 자신이 일하는 그곳이 신나는 일터여야 한다. 그래야 꿈을 이루는 꿈터가 될 테니 말이다.

"교육을 통해 이타심을 배우고, 선의의 경쟁과 꿈을 향한 열정을 배우는 것, 이것이 진정한 교육의 목적이고 직원에게 해줄 수 있는 최고의 복지라고 생각합니다."

나는 각종 언론과 인터뷰를 할 때마다 우리 회사의 비전과 그 바탕에 깔린 철학을 항상 강조한다. 장사도 사업도 모두 사람이 하는 일이 아닌가. 소규모의 점포는 사장 혼자 열심히 해도 바라던 성공을 거둘 수 있다. 하지만 큰 점포나 기업은 다르다. 그러니 그 안에서 함께 하는 사람들을 교육하고 성장시켜야만 기업이 생존하고 성장도 할 수 있다.

기업과 같은 조직의 혁신은 몇몇 인물의 뛰어난 역량으로 가능한 일이 아니다. 함께 일하는 모두가 오늘보다 더 나은 내일을 고민할 때 조직은 더 힘차게 나아갈 수 있고 진정한 혁신을 이룰 수 있다.

"보하라에 입사했다고 해서 현실에 안주하는 것은 절대 금물입니다. 항상 배움을 게을리하지 않아야 진정한 보하라人이 될 수 있습니다."

나는 우리 회사에 입사하는 사원들에게 늘 배우고 성장하는 인재가 되라고 강조한다. 물론 회사 차원에서의 지원도 아끼지 않을 것을 약속한다. 실제로 ㈜보하라에서는 직원들을 대상으로 대학 및 대학원과정 지원(과장급 이상), 직무별 전문기관 교육지원, 외부 전문강사 초빙 교육, 최우수사원 해외연수기회 제공, 개인학습활동 지원, 각종 사내교육 실시, 자녀교육비 지원 등 다양한 교육지원을 하고 있다.

생존은 곧 지속적인 혁신이다. 또한 공존을 위해서도 함께 가는 이들의 지속적인 혁신이 반드시 필요하다. 특히 기업의 경우, 고객에게 선택받고 살아남기 위해서는 시대의 상황을 정확하게 직시하고, 거기에 걸맞은 고객만족을 실현해야 한다. 즉 능동적으로 변화하고 끊임없이 혁신하지 않으면 생존을 보장받을 수 없다. 기업을 이끌어 가는 동력은 결국 사람이며, 그들이 그 시대에 맞게 변화되고 업그레이드되지 않는다면 생존할 수 없는 것이다. ㈜보하라에서 직원교육을 위해 투자하는 돈은 결국 회사의 생존을 위한 비용이니 결코 아까울 게 없다.

당신의 남다른 생각과
거침없는 행동을 응원합니다!

"감자탕으로 태극기를 전 세계에 휘날리는 날까지 그 누구보다 정열적으로 앞장서겠습니다!"

2006년 ㈜보하라를 설립하고 초기 몇 년간은 가맹점이 늘지 않아 속을 태웠지만 나의 포부만큼은 그 누구보다 원대했다. 언론과의 인터뷰에서도 나는 이런 내 포부를 거침없이 드러냈다.

남다른감자탕은 최초 브랜드 준비 단계부터 세계진출을 목표로 만든 브랜드이다. 건강한 재료로 정직하게 만든 음식인 만큼 한국을 넘어 세계인의 사랑을 받을 자신이 있었다. 그럼에도 나는 넘치는 열정만을 믿으며 성급한 걸음을 내딛지는 않았다. 창업 이후 지금까지 여러 나라에서 남다른감자탕 매장을 내고 싶다는 제의가 왔지만 나는 더욱 깐깐한 잣대로 묻고 따지며 파트너를 고르고 있다. 나의 목표는 단순한 외국 진출이 아닌 ㈜보하라가 감자탕을 대표로 한 한식으로 세계적인 외식 프랜차이즈 기업이 되는 것이기 때문이다.

나는 남다른감자탕을 맥도날드, 스타벅스와 같이 해외에서 당당히 로열티를 받을 수 있는 브랜드로 키워내고 싶다. 기업가로서의 만족감은 물론 국민의 한 사람으로서 국익을 위하는 일이니 결코 과하지 않은 포부라 생각한다. 이런 나의 포부를 실현시키기 위해 철저한 매뉴얼을 만들어 제대로 로열티를 받고 미국, 중국, 러시아에 진출하는 것을 구체적인 목표로 두고 있다.

이 밖에도 ㈜보하라는 2020년까지 연매출 1,000억 원, 2026년까지 연매출 1조 원을 달성하는 것을 목표로 하고 있다. 목표가 원대한만큼 이것을 이루는 길이 순탄하지는 않을 것이다. 하지만 걱정하지 않는다. 나와 손을 맞잡고 함께 나아가는 직원들의 능력과 열정을 알기에 나는 그들이 더욱 신명나게 일할 수 있도록 좋은 일터를 가꾸는데 집중하고 있다.

장사든 사업이든 성공을 하려면 함께 할 사람을 잘 들이고, 그들의 역량을 120% 이끌어낼 수 있어야 한다. ㈜보하라는 직원들의 역량과 열정을 키우는 제도적인 뒷받침은 물론이고, 새로운 가족을 맞을 때도 직원 모두의 의견이 반영되도록 해 시너지를 창출하려 노력한다. ㈜보하라는 신규 임직원 채용 시 모든 직원이 함께 모여 지원자의 1차 면접을 진행한다. 함께 일할 동료를 맞는 일이니 당연히 직원들에게 선택의 우선권을 주는 것이다. 직원면접을 통과한 사람에 한해 다시 임원면접을 거치며 최종 채용여부를 결정한다.

남다른 인재는 겉으로 드러나는 숫자만으로는 결코 찾을 수 없다.

그래서 나는 '정직, 지치지 않는 열정, 남다른 생각'을 가진 진정한 인재를 발굴하기 위해 노력한다. 그런 사람은 반드시 성공한다고 생각하기 때문이다.

㈜보하라와 걸맞은 남다른 인재를 모셨다면, 이후부터는 그들의 성장을 통해 조직의 성장을 꾀해야 한다. 좋은 씨앗을 선별한 만큼 정성스레 물을 주고 양분을 주어 그들이 잘 성장하고 아름다운 숲을 이룰 수 있게 신명나는 꿈의 터전을 만들어주어야 한다.

"우리 보하라는 여러분들의 남다른 생각과 거침없는 행동을 응원하고 격려합니다. 여러분이 상상하는 그것을 구체적인 사업제안서로 만들어보세요. 제안이 통과되면 회사에서 상상을 현실로 구현할 수 있는 창업자금을 전부 지원해드립니다."

"저는 입사한 지 1년밖에 안 됐는데 제 제안도 통과되면 창업자금이 지원되나요?"

"당연하죠! 보하라의 직원이면 누구나 기회를 드립니다."

㈜보하라는 2017년부터 '스타트업제도'라고 하여 본사 직원이면 누구나 자신이 가진 남다른 아이템이나 아이디어를 사업으로 실현시킬 수 있는 기회를 제공하고 있다. 사업계획서를 발표하고 그것이 통과되면, 제안자가 창업을 해 실제 운영할 수 있도록 회사에서 창업자금을 전액 지원해주는 것이다.

사업을 통해 발생한 수익금의 60%는 아이디어를 제안하고 사업의 운영자가 되는 직원이 가져간다. 만에 하나 좋지 않은 결과가 나오더라도 직원은 손실금의 40%만 부담하고 나머지는 회사가 책임을 지고 있다.

회사의 사업적인 성과도 중요하지만 무엇보다 직원들의 도전정신과 열정을 키우고 응원해주기 위해 도입한 제도이다. 장사나 사업을 할 때 가장 귀한 자원은 사람, 즉 함께 하는 직원이다. 그들 안에서 남다른 열정, 남다른 아이디어들이 솟아나와 한곳으로 모아질 때 진정한 성장과 발전이 가능하기에 직원들이 거침없이 도전할 수 있도록 도우려는 것이다.

'남다르게 생각하고 거침없이 행동하자'라는 ㈜보하라의 사훈답게 나는 직원들에게 늘 열정적인 도전을 권한다. 특히 업무적인 부분에서의 도전은 가능한 돕고 지원해주려 애쓴다. 성공은 쉽게 얻어지는 것이 아니다. 자꾸 도전하고 실패를 해봐야 결국 성공하는 방법도 알고 길도 찾는 법이다. 이 과정에서 발생되는 비용이나 실패에 대한 손실을 회사가 책임짐으로써 직원들의 남다른 생각과 거침없는 행동을 응원하고 격려하고 있다.

이처럼 ㈜보하라는 교육과 복지를 통해 직원들의 열정과 능력을 키우고, 다양한 기회를 제공하여 성장과 성공에 대한 제도적인 뒷받침까지 마련하고 있다. 심지어 ㈜보하라는 한 해의 연간계획을 세울 때 직원들의 교육일정을 가장 먼저 잡는다. 회사와 직원은 단순한 고용관계가 아닌 서로가 서로에게 도움이 되는 상생의 파트너이자 공동운명체임을 잘 알기 때문이다.

사실 내 머릿속엔 직원들을 위한 교육과 복지의 아이디어가 무궁무진하다. 그중에는 이미 실현된 것도 있고, 실현을 위해 구체적인 방안을 마련 중인 것도 있다. 그중 몇 가지만 이야기 한다면, 우선 ㈜보하라는 2018년부터 본사 직원들을 대상으로 '희망연봉제'를 실시할 계획이다. 직원은 본인이 받고 싶은 희망연봉과 함께 1년 동안 달성할 업무목표, 그에 대한 실행계획을 세워 전년도 연말에 합의한다. 그리고 이후 한 해 동안의 업무를 통해 목표를 달성하면 본인이 희망했던 연봉을 지급한다. 이는 직원들의 열정을 이끌어내기 위한 장치인 동시에, 회사와 직원 간의 업무평가에 대한 불일치요소를 사전에 없애고 명쾌한 합의를 통해 신나는 꿈터를 실현하는 방법 중 하나이기도 하다.

이 밖에도 남다른감자탕 직영점 근처에 직장어린이집을 개설해, 일을 하고 싶어도 아이를 맡길 곳이 없어 지원을 망설이는 분들이 마음 편히 일을 하고 다시 꿈을 키울 수 있도록 도울 예정이다. 또 본사 직원 중 우수사원으로 선발되면 집을 쾌적하고 편안한 공간으로 리모델링 해주어, 집에서 잘 쉬고 그 에너지를 바탕으로 힘을 내서 다시 업무에 집중할 수 있게 하려 한다.

진정한 행복감은 결코 '일'적인 부분에서의 성취와 성공만으론 얻을 수 없다. 일만큼이나 소중한 것이 '가정'이다. 또한 일적인 부분의 꿈을 이루기 위해서는 가정에서의 화목한 에너지가 필수적이다. 가정이 화목하지 않으면 일에서도 제능력을 발휘하기 힘들고, 설령 업무적인 성장이 있다고 하더라도 결코 진정한 행복감을 느끼기가 어렵다. 가정과 일, 이 두 곳을 잘 선택하고 조화롭게 가꿔나가야만 진정한 행복감을 느낄 수 있다. 그렇기 때문에 ㈜보하라가 실현하고 구상 중인 복지 정책 중에는 '일'과 '가정'의 조화를 배려한 것들이 많다.

이런 다양한 복지와 교육 등을 궁리하고 실현한 덕분일까. 나 혼자만의 안락과 행복이 아닌 '더불어 잘살자'는 상생의 가치는 어느새 모든 보하라人이 지켜야 할 소중한 가치로 자리 잡았다. 그뿐만 아니다. ㈜보하라의 모든 가맹점주님들 또한 깊게 공감하고 적극적으로 애써주신다.

"얼마 안 되지만 우리 지역의 어려운 주민들을 위해 써주십시오."

지난 2012년부터 ㈜보하라는 신규로 개설되는 모든 매장의 오픈 3일간의 순수익(매장당 100만 원 정도)을 지역사회에 환원하고 있다. 각 성금은 지역주민센터를 통해 해당 지역의 어려운 이웃들에게 전달되고 있다. 감사하게도 모든 가맹점주께서 우리의 뜻에 적극 동참하고 있다. "반드시 그래야 한다."는 본사의 강압적인 방침이 아닌 그저 "그렇게 하는 게 어떻겠느냐."는 제안만으로도 흔쾌히 함께 해주는 것이다. '상생'만이 진정한 생존의 발판이 됨을 알기 때문이다.

이 밖에도 ㈜보하라는 미자립 교회 지원, 북한이탈주민 지원, 굿네이버스 후원 등을 통해 미약하나마 더불어 사는 삶을 실천하고 있다. 또한 현재 우리는 '성공창업학교'를 설립해 창업자들의 성공적인 창업과 성장을 돕는 일을 구상하고 있다. 마음이 간절해도 방법을 모르면 좌충우돌하고, 그 과정에서 실수와 실패를 겪으며 좌절하기도 한다. 게다가 외식업계는 이러한 실수와 실패가 고스란히 비용의 손실로 이어지니 최대한 그들의 성공적인 창업을 돕고 이후의 성장과 사업적인 성공도 도우려는 것이다. 특히 딱딱하고 지루한 이론이 아닌 현장의 생생한 경험에서 비롯된 울림을 전하고자 ㈜보하라 직원들은 늘 남다른 생각과 거침없는 행동으로 자신의 역량을 강화하는 데 더욱 힘쓰고 있다.

나날이 목표가 웅대해지고 있지만, 지금 내가 걷고 있는 이 길은 결코 꽃길이 아니다. 내 앞에는 여전히 해결해야 할 일, 뜻하지 않게 발생하는 크고 작은 사건사고들이 산적해 있음도 알고 있다. 하지만 그렇다고 해서 내가 가겠다고 결심한 길을 결코 포기할 생각은 없다. 이제는 내가 왜 이 길 위에 서 있는지 알기 때문이다. 처음엔 무조건 나와 가족을 위해 돈을 벌고 성공하고 싶었지만, 이제는 나와 함께 길을 가고 있는 직원들과 우리의 노력을 알아봐주시는 고객과 ㈜보하라 가맹점주님들을 위해 다함께 잘 사는 세상을 만들고 싶다.

앞으로도 내가 가는 길에는 무수한 돌들이 날아올 것이다. 때로는 그것에 맞아 다치거나 피를 흘릴지도 모른다. 하지만 지금껏 그래왔던 것처럼 해내야겠다는 내 마음 속의 의지와 열정, 불구덩이라 해도 무모하리만치 덤벼드는 나를 지켜봐주는 가족과 동지(同志)들이 있다면 가볼만 하다고 생각한다.

그래서 말하고 싶다. 어려움이 있더라도 부디 무릎 꿇지 않기를⋯. 오로지 나 혼자인 듯한 순간에 맞닥뜨릴지라도 주위를 둘러보면 단 한 사람 나를 위해 눈물을 흘리는 사람을 찾을 수 있다. 없다고? 감히 말한다. 분명히 있다. 사는 게 갈수록 힘들어진다고 해도 결코 빈손뿐인 사람도, 혼자인 사람도 없다. 그러니 두려울 것이 있을까. 이 글을 읽고 있는 당신에게도 나의 마음이 전해지기를 바란다.

모든 것이, 참으로 감사하다.

당신의 남다른 꿈을 응원합니다!

불혹의 나이를 넘기고 하늘의 뜻을 안다는 지천명(知天命)을 향해 가다 보니 종종 지인들의 병환이나 부음을 접하게 된다. 영원할 것 같았던 삶이 언젠가는 끝과 만나게 된다는 것이 새삼 두렵기도 하다. 하지만 그만큼 내게 주어진 이 시간이 귀하고 소중하단 것도 알게 되니 더 열심히, 행복하게 잘 살아야겠다는 다짐을 한다.

행복하게 잘 산다는 것의 기준은 사람마다 다를 수 있지만 나는 '목숨과 맞바꿀 수 있는 간절한 꿈을 찾고, 그것을 이루기 위해 최선을 다해 사는 것'이라 생각한다. 뭔가 하고 싶고 이루고 싶은 것이 있으면 목숨을 걸고라도 해내야 하고, 지켜야 할 소중한 것이 있다면 이 역시 끝까지 지켜내야 한다. 그것을 해냈을 때 진정 이 세상에 머물렀던 시간들이 의미가 있고, 그리하여 행복할 수 있을 테니 말이다.

언제든 부르면 가야 하는 것이 우리의 생이라면 사는 동안 만큼은 제대로 잘살아야 한다. 하고 싶은 것, 이루고 싶은 것이 있어도 용기가 없어서, 혹은 여건이 안 돼 시도조차 해보지 못한 채 생의 마지막을 맞는다면 얼마나 억울하고 후회가 될까.

나는 어렸을 때 꿈이 참 많았다. 이것저것 해보고 싶은 것도 많았고, 되고 싶은 것도 많았다. 그런데 너무 가난했기에 할 수 있는 게 거의 없었다. 그런 내 처지가 서럽기도 하고 화가 나기도 하고 때론 억울하기도 했다. 그래서 내 아이들에게 만큼은 그들이 하고 싶은 것을 맘껏 하게 해주는 당당한 아빠가 되고 싶었다. 그것이 내가 유서를 쓰면서까지 창업을 하고, 반드시 성공해야 하는 이유였다.

사연의 차이는 있겠지만 다들 나름의 간절함과 절박함을 안고 산다. 특히 가족의 생계를 책임지는 가장의 경우 잠시 멈춰 서서 숨을 고를 여유도 없이 무조건 앞만 보고 내달려야 한다. 그럼에도 대부분의 사람들은 능력의 반에 반도 채 쓰지 못하고 죽는다고 한다. 나름 열심히 한다고 하겠지만 결국엔 제안의 것을 온전히 끌어내지 못한 채 포기하고 좌절하고 마는 것이다. 심지어 힘들다는 이유로 스스로 생을 끝내기도 한다.

2015년 기준, OECD 국가 중에 자살률이 우리나라가 10년째 연속 1위라고 한다. 더 안타까운 것은 한창 자녀들에게 힘이 돼주고 모범이 돼야 할 한 집안의 가장인 40대, 50대도 자살률이 크게 떨어지지 않고 있다는 것이다. 나 역시 한때 자살을 시도해본 경험이 있기에 그 절망감을 공감하지만 한편으론 안타까운 마음을 금할 수 없다.

목숨은 힘들다고 내려놓은 것이 아니라 힘을 내기 위해 내걸어야 하는, 세상에서 가장 값진 것이다. 자신이 진정으로 바라는 것이 무엇인지를 찾고, 그것을 이루기 위해 목숨까지 내걸고 달린다면 단언컨대 못 이룰 것이 없다.

"대표님에게 감자탕이란 무엇인가요?"

언젠가 청년창업에 관한 멘토링을 하는 TV 프로그램에 출연해 강연을 한 적이 있다. 그때 진행자분이 내게 물었다. 나는 망설임 없이 "감자탕은 나에게 밥숟가락이다"라고 대답했다.

서른 살의 겨울, 나는 돈을 벌기 위해 감자탕 장사를 시작했다. 그래야만 내 식구들을 먹여 살릴 수 있기 때문이다. 그렇게 17년의 세월이 흐르는 동안 27평의 점포는 연매출 500억 원, 100여 개의 매장을 가진 건실한 프랜차이즈 기업으로 성장했다. 하지만 나는 지금도 여전히 내 식구들을 먹여 살리기 위해 감자탕을 판다. 그러니 내게 감

자탕은 밥숟가락일 수밖에…,

물론 17년 전과 비교해 달라진 것은 있다. 밥과 국을 끓이는 가마솥이 더 커졌고, 밥숟가락의 수도 셀 수 없이 늘었다. 함께 밥을 나눠먹는 내 식구들이 늘었기 때문이다. 나와 함께 가는 직원들과 가맹점주님이 바로 내 식구들이며, 나는 그들과 오순도순 밥을 나눠먹으며 성장과 성공을 실현해 나가고 있다. 이와 더불어 울타리 너머의 사람들과의 공존을 생각하며 미약하나마 나눔을 실천하려 노력하고 있다.

죽지 않기 위해, 생존하기 위해 내 혈육과 나눠 먹던 밥이 어느새 내 울타리 그리고 울타리 너머의 사람들을 생각하는 공존과 상생의 밥숟가락으로 커졌지만 감자탕은 여전히 내게 목숨을 내걸고 달려야 하는 간절함이고 절박함이다.

감사하게도 나와 함께 하는 ㈜보하라의 직원분들, 그리고 가맹점주님들 역시 같은 마음, 같은 열정으로 달려주시니 더 큰 성장과 성공도 꿈꿀 수 있게 됐다.

구슬이 서 말이라도 꿰어야 보배이듯이 마음이 아무리 간절해도 도전하지 않으면 이룰 수 있는 것은 아무것도 없다. 도전하지 않은 꿈은 그저 막연한 바람일 뿐 결코 진짜 꿈이 될 수 없다. 진짜 꿈을 가진 사람은 어떻게든 부딪치며 답을 찾아낸다.

좋아하거나 잘할 수 있는 창업 카테고리를 찾아 죽을 각오로 몰입하면 결국은 이루게 된다. 물론 그 과정에서 방법을 몰라 좌충우돌할 수는 있겠지만 이 역시 도움의 문을 두드리고 구하면 된다. 제대로 된 열정을 가진 사람이라면 높은 담장을 만났을 때 결코 주저앉아 두 손을 들지 않는다. 사다리를 가져와 훌쩍 뛰어넘기도 하고 다른 길을 찾기도 하면서 반드시 바라던 그곳에 가고 만다.

하나뿐인 목숨과 맞바꿀 수 있을 만큼의 간절한 꿈이라면 나이나 처지 등은 망설임의 이유가 되지 않는다. 꿈의 크고 작음도 문제가 되지 않는다. 그것을 이루려는 마음과 노력이 남다르다면 분명 방법은 찾게 된다. 또한 결과와 상관없이 그것을 위해 달렸던 시간이 진정 행복했다면 성공한 삶이라 할 수 있다. 성공은 성취가 아닌 성장하는 과정 속에서 행복감을 느끼는 것이기 때문이다.

물론 살다 보면 거친 바람에 흔들려 주저앉고 싶을 때도 있을 것이다. 그러나 바람에 흔들리는 것은 나무가 아니라 나뭇가지이듯 우리가 진짜 꿈을 가지고 있다면 흔들릴지언정 부러지지는 않을 것이라 생각한다. 흔들리는 과정을 겪으며 그 길에 도달했을 때 꿈은 다시 한 번 소중하게 피어날 것이다. 그러므로 세상에서 가장 귀한 선물인 진짜 꿈을 가슴 속에 고이 간직하길 바란다.

나는 오늘도 좋은 프랜차이즈 회사를 만들기 위해 늘 수고를 아끼지 않는 든든한 우리 직원들, 그리고 하루 스물네 시간 남다른 감자탕의 가치를 고객들께 전달하기 위해 노력해 주고 계신 점주님들과 함께 더 정직하고 건강한 감자탕을 끓이기 위해 남다른 노력을 아끼지 않는다. 부족한 나를 믿고 두 손을 기꺼이 내주신 그분들께 이 책을 빌어 넘치는 감사의 마음을 전한다.

또한 내게 소중한 사람들과 함께 이룰 수 있는 기회를 주시고, 이웃과 더불어 살아가는 소명을 주신 하나님께 진심으로 감사드리며, 마지막으로 늘 한결 같은 믿음으로 나를 응원하고 지지해주시는 어머니, 그리고 아내 진미와 두 아들 호준, 유성에게 늘 고맙고 진정 사랑한다는 마음을 전한다.

희망을 끓이는
남다른 감자탕 이야기

2017. 11. 3. 1판 1쇄 발행
2017. 11. 27. 1판 2쇄 발행
2017. 12. 15. 1판 3쇄 발행
2018. 1. 2. 1판 4쇄 발행
2018. 1. 17. 1판 5쇄 발행

지은이 | 이정열
펴낸이 | 이종춘
펴낸곳 | **BM** 주식회사 **성안당**
주소 | 04032 서울시 마포구 양화로 127 첨단빌딩 5층(출판기획 R&D 센터)
　　　 10881 경기도 파주시 문발로 112 출판문화정보산업단지(제작 및 물류)
전화 | 02) 3142-0036
　　　 031) 950-6300
팩스 | 031) 955-0510
등록 | 1973. 2. 1. 제406-2005-000046호
출판사 홈페이지 | www.cyber.co.kr
ISBN | 978-89-315-8164-5 (03320)
정가 | 14,800원

이 책을 만든 사람들
책임 · 진행 | 최옥현
기획 | 출판기획전문 (주)엔터스코리아
교정 | 안종군
본문 디자인 | 하늘창
표지 디자인 | 앤미디어, 박원석
홍보 | 박연주
국제부 | 이선민, 조혜란, 김해영
마케팅 | 구본철, 차정욱, 나진호, 이동후, 강호묵
제작 | 김유석

■ 도서 A/S 안내